JN106229

NIVEAU

4・5

仏検4級・5級準拠 [頻度順] フランス語単語集

川口　裕司
伊藤　玲子

駿河台出版社
SURUGADAI SHUPPANSHA

音声について

本書の音声は、下記サイトより無料でダウンロード、
およびストリーミングでお聴きいただけます。

https://stream.e-surugadai.com/books/isbn978-4-411-00563-2/

・・・

＊ご注意
・ PC からでも、iPhone や Android のスマートフォンからでも
  音声を再生いただけます。
・ 音声は何度でもダウンロード・再生いただくことができます。
・ 当音声ファイルのデータにかかる著作権・その他の権利は駿河
  台出版社に帰属します。無断での複製・公衆送信・転載は禁止
  されています。

Design: dice

公益財団法人フランス語教育振興協会許諾出版物

まえがき

　フランス語教育振興協会では，実用フランス語技能検定試験（以下仏検）の５級は，大学の週１回授業で１年間，つまり50時間以上学習したレベルを指し，「フランス語への入口」と定義しています．４級は，週２回の授業で１年間，100時間以上の学習が目安となり「日常のフランス語」レベルです．この本では仏検４級と５級の単語をあわせて学ぶことができます．

　本書を作成するにあたって，著者の伊藤が６年分（2014-19年）の４級問題と４年分（2016-19年）の５級問題をデータ化し，語彙の頻度調査を行い基礎データを作成しました．仏検４級と５級にはかなり重複する語彙が見られました．仏検４級と５級を一冊の単語集にまとめたのはそのためです．

　次に作成された頻度データを川口と伊藤が相談しながら整理しました．その際，まず最初に４級で現れた単語を，次に４級と５級に共通する単語を，最後に５級のみに現れる単語を配置しました．見出し語が必ずしもアルファベット順に並んでいないのはそのためです．同じ単語の活用形や変化形は，見出し語の下に下位見出しを設けてまとめました．動詞は不定法を見出し語にしました．見出し語の不定法には３級に出てくる語彙を先取りしたものがあります．

　単語の頻度はPartie 1からPartie 5までの５段階に分けました．見出しは全部で261項目になりました．本書を全体として眺めると，幾つかの単語は複数形で頻繁に現れ，動詞は人称によって出現頻度が異なっていることがわかります．

語彙力は重要な言語能力の一つです．これからフランス語を学ぼうという時に，どの単語から学べばいいのか迷うところです．そんな時に，実際の頻度調査から生まれた本書が学習者に学ぶべき語彙の順序について一つの道標になるのではないかと期待しています．本書を利用することで，フランス語の基本単語を効率的かつ集中して学ぶことができるとすれば，それは著者たちにとって望外の喜びです．最後になりますが，このシリーズの編集と校正でずっとお世話になってきました編集部の上野名保子さんにこの場をお借りしてお礼申し上げます．

2023年5月

著者を代表して

川 口 裕 司

目　次

PARTIE 1

14 mots

001-014

頻度 125 回以上の語

être [エトる] □□ 001	動 (不定法) ～である
est [エ]	動 (それは) ～である
sont [ソン]	動 (それらは) ～である
suis [スュイ]	動 (私は) ～である
est [エ]	助動 (3 人称単数形)
es [エ]	動 (君は) ～である
sommes [ソム]	動 (私たちは) ～である
sont [ソン]	助動 (3 人称複数形)
êtes [エット]	動 (あなた(たち)は) ～である
suis [スュイ]	助動 (1 人称単数形)

Je veux **être** infirmière.
ジュ ヴ エトる アンフィるミエーる

私は看護師になりたいです.

La saison des pluies **est** finie.
ラ セゾン デ プリュイ エ フィニ

梅雨は終わっています.

Les cerisiers **sont** en fleur.
レ スりズィエ ソンタン フルーる

サクラが開花しています.

Je **suis** ici depuis trois ans.
ジュ スュイ イスィ ドゥピュイ トろワザン

私は3年前からここにいます.

Elle **est** restée une semaine à
エレ れステ ユヌ スメヌ ア

Tokyo.
トキヨ

彼女は東京に1週間いました.

Tu **es** libre ce soir ?
テュ エ リーブる ス ソワーる

今夜は暇?

Nous **sommes** trois.
ヌ ソム トろワ

私たちは3人です.

Ils se **sont** couchés tôt. (4級14春)
イル ス ソン クシェ ト

彼らは早く寝ました.

Vous **êtes** de quel pays ? (4級17春)
ヴゼット ドゥ ケル ペイ

お国はどちらですか?

Je **suis** allé marcher en montagne.
ジュ スュイ アレ まるシェ アン モンタニュ

私は山歩きに行きました.

[トろワ] trois   3

sommes [ソム]	熟・慣 (今日は) 〜である
sera [スら]	動 (彼(女)は) 〜だろう
été [エテ]	動 (過去分詞) 〜だった
était [エテ]	動 (彼(女)は) 〜だった
sommes [ソム]	助動 (1 人称複数形)
êtes [エット]	助動 (2 人称単数形・複数形)
étais [エテ]	動 (私は) 〜だった
étais [エテ]	動 (君は) 〜だった
je [ジュ] □□ 002	人代 私は
j'	人代 (母音の前) 私は

Nous **sommes** le dimanche
ヌ   ソム   ル ディマンシュ

vingt-et-un.   (4級 16 秋)
ヴァンテアン

今日は 21 日の日曜日です.

Nathalie **sera** à Dijon demain.
ナタリ   スら ア ディジョン ドゥマン

ナタリーは明日ディジョンにいるでしょう.

Tu as déjà **été** en France ?
テュ ア デジャ エテ アン フらンス

フランスに行ったことはあるの?

Hier, il n'**était** pas au bureau.
イエーる イル ネテ パ オ ビュろ

昨日彼はオフィスにいませんでした.

Hier, nous **sommes** allés au concert.
イエーる ヌ   ソム   アレ オ コンセーる

昨日, 私たちはコンサートに行きました.

Vous vous **êtes** levé tôt hier ?
ヴ   ヴゼット ルヴェ ト イエーる

あなたは昨日早く起きましたか?

J'**étais** très fatigué hier matin.
ジェテ とれ ファティゲ イエーる マタン

昨日の朝, 私はとても疲れていました.

Ah, tu **étais** malade ?   (4級 19 春)
ア テュ エテ マラッド

ああ, 病気だったの?

Moi aussi, **je** prends un café.
モワ オスィ ジュ プらン アン カフェ

私もコーヒーを 1 杯飲みます.

J'ai un rendez-vous maintenant.
ジェ アン らンデヴ   マントゥナン

今から約束があります.

moi [モワ]	人代 (前置詞の後) 私
me [ム]	人代 (間接目的) 私に
m'	人代 (直接目的) (母音の前) 私を
me [ム]	人代 (直接目的) 私を
m'	人代 (間接目的) (母音の前) 私に
avoir [アヴォワーる] □□ 003	動 (不定法) 持つ
a [ア]	動 (彼(女)は) 持つ
ai [エ]	動 (私は) 持つ
as [ア]	動 (君は) 持つ

Je chante souvent chez moi. ジュ シャント スヴァン シェ モワ (4級 17 春)	私は家でよく歌を唄います.
Vous pouvez me répondre avant samedi ? ヴ プヴェ ム れポンドる アヴァン サムディ	土曜までに私に返答できますか?
Vous m'accompagnez ? ヴ マコンパーュ	私と一緒に来てくださいますか?
Ne me poussez pas, s'il vous plaît. ヌ ム プセ パ スィル ヴ プレ (4級 14 春)	私を押さないでください.
Il m'a demandé de travailler avec lui. イル マ ドゥマンデ ドゥ トらヴァイエ アヴェック リュイ	彼は私に一緒に働いてくれと頼みました.
Ma fille va bientôt avoir six ans. マ フィイ ヴァ ビヤント アヴォワーる スィザン	私の娘はもうすぐ6歳になります.
Il a mal au ventre depuis hier soir. イラ マル オ ヴァントる ドゥピュイ イエーる ソワーる	彼は昨夜からお腹が痛い.
J'ai mal aux dents depuis ce matin. ジェ マル オ ダン ドゥピュイ ス マタン	私は今朝から歯が痛い.
Tu as mal aux pieds ? テュア ア マロ ピエ	君は足が痛いの?

as [ア]	助動 (2人称単数形)
avez [アヴェ]	動 (あなた(たち)は) 持つ
ai [エ]	助動 (1人称単数形)
a [ア]	助動 (3人称単数形)
avez [アヴェ]	助動 (2人称複数形)
ont [オン]	動 (彼(女)らは) 持つ
ont [オン]	助動 (3人称複数形)
avons [アヴォン]	助動 (1人称複数形)

Tu **as** appelé un taxi ? (4級 15秋)
テュ ア アプレ アン タクスィ

タクシーを呼んだの？

Vous **avez** mal au dos ?
ヴザヴェ マル オ ド

あなたは背中が痛いのですか？

Je n'**ai** pas encore pris le petit
ジュ ネ パ アンコーる プリ ル プティ

déjeuner.
デジュネ

私はまだ朝食を食べていません.

Léon **a** acheté une voiture
レオン ア アシュテ ユヌ ヴォワテューる

japonaise.
ジャポネーズ

レオンは日本車を購入しました.

Vous **avez** déjà lu ce roman ?
ヴザヴェ デジャ リュ ス ろマン

あなた(たち)はこの小説をもう読みましたか？

Elles n'**ont** pas de chance. (4級 17秋)
エル ノン パ ドゥ シャンス

彼女たちはついていません.

Ces enfants n'**ont** pas écouté leurs
セザンファン ノン パ エクテ ルーる

parents.
パらン

この子どもたちは親の言うことを聞きませんでした.

Nous **avons** bien dormi dans notre
ヌザヴォン ビヤン ドるミ ダン ノトる

hôtel.
オテル

私たちはホテルでよく眠れました.

[ヌフ] neuf 9

avons [アヴォン]	動 (私たちは) 持つ
aura [オら]	動 (彼(女)は) 持つだろう
à [ア] □□ 004	前 (場所) ～に
au [オ]	前 (à と le の縮約形)
à [ア]	前 (時間) ～に
à [ア]	前 (方向) ～に
aux [オ]	前 (à と les の縮約形)
à [ア]	前 ～に属する
à pied [ア ピエ]	熟・慣 徒歩で

Nous **avons** ce dictionnaire.
ヌザヴォン　ス　ディクスィョネーる

私たちはその辞書を持っています.

Mon fils reviendra quand il **aura**
モン　フィス　るヴィヤンドら　　　カンティロら

faim.
ファン

お腹がすいたら, 息子は帰ってきます.

Zoé habite **à** Genève.
ゾエ　アビッタ　ジュネーヴ

ゾエはジュネーヴに住んでいます.

Notre bureau est **au** huitième
ノトる　　ビュろ　　エト　　　ユィティエム

étage.
エタージュ

私たちの事務所は9階です.

Ce musée ferme **à** sept heures.
ス　ミュゼ　フェるム　ア　　セトゥーる

この博物館は7時に閉館します.

Tournez **à** droite.
トゥるネ　ア　ドろワット

右に曲がってください.

Ton père est toujours
トン　ぺーる　エ　トゥジュール

aux États-Unis ?　　　　(4級14春)
オゼタズュニ

君のお父さんはずっとアメリカ合衆国にいるの?

Ce stylo à bille est **à** Mathieu ?
ス　スティロ　ア　ビィイ　エタ　マティュ

このボールペンはマチューのですか?

Elle y va **à pied**.
エリ　ヴァ　ア　ピエ

彼女はそこに徒歩で行きます.

à vélo [moto]

[ア ヴェロ, ア モト] 熟・慣 自転車 [バイク] で

au revoir

[オ るヴォワーる] 熟・慣 さようなら

à votre santé

[ア ヴォトるサンテ] 熟・慣 乾杯

à côté de +名詞

[ア コテ ドゥ] 熟・慣 ～の隣に

à

[ア] 前 ～するための

à bientôt

[ア ビヤント] 熟・慣 近いうちに

à table

[ア タブル] 熟・慣 ごはんですよ

à cause de

[ア コーズ ドゥ] 熟・慣 ～のせいで

la

[ラ]
□□ 005 定冠 (女性単数形) その

l'

定冠 (母音と無音の h の前) その

Il y va **à moto.**
イリ ヴァ ア モト

彼はそこにバイクで行きます.

Au revoir. (5級16春, 5級18秋, 5級19秋)
オ るヴォワーる

さようなら.

À votre santé !
ア ヴォトる サンテ

乾杯!

C'est juste **à côté de** l'hôpital
セ ジュスト ア コテ ドゥ ロピタル

それはちょうど病院の隣です.

Tu veux quelque chose **à manger** ?
テュ ヴ ケルク ショーズ ア マンジェ

何か食べものが欲しいですか?

À bientôt !
ア ビヤント

では近いうちに!

À table ! (4級15春, 5級19秋)
ア タブル

ごはんですよ!

Je suis resté ici **à cause du** mauvais
ジュ スュイ れステ イスィ ア コーズ デュ モヴェ

temps.
タン

悪天候のために, 私はずっとここにいました.

Où est **la** chambre trente-six ?
ウ エ ラ シャンブる トらントスィス

36号室はどこですか?

L'addition, s'il vous plaît.
ラディスィヨン スィル ヴ プレ

お勘定をお願いします.

un [アン] □□ 006	不冠 （男性単数形）ある〜，ひとつの
une [ユヌ]	不冠 （女性単数形）ある〜，ひとつの
des [デ]	不冠 （複数形）ある〜
de [ドゥ]	不冠 （形容詞複数形の前）ある〜
de [ドゥ]	不冠 （否定文で不定冠詞の代用）ある〜
tu [テュ] □□ 007	人代 君は
toi [トワ]	人代 （前置詞の後）君
te [t'] [トゥ]	人代 （間接目的）君に
te [t'] [トゥ]	人代 （直接目的）君を

Il a **un** appartement près du
イラ　　　　アナパるトマン　　　　ぷれ　デュ
Louvre.
ルーヴる

彼はルーブル美術館の近く
にアパルトマンを持ってい
ます.

On paie avec **une** carte.
オン　ペイ　アヴェック　ユヌ　かると

カードで支払えます.

Jade essaie **des** chaussures.
ジャド　エセ　デ　ショスュール

ジャドは靴を試着します.

Léa a **de** longs cheveux noirs.
レア　ア　ドゥ　ロン　シュヴ　ノワーる

レアは長い黒髪をしている.

Rose ne porte pas **de** jupe longue.
ろーズ　ヌ　ぽると　パ　ドゥ　ジュップ　ロング

ローズはロングスカートを
はきません.

Tu aimes ce tableau ?　　　(4級14春)
テュ　エム　ス　タブロ

君はこの絵は好きかい?

Qui va aller en Belgique avec **toi** ?
キ　ヴァ　アレ　アン　ベルジック　アヴェック　トワ

君と一緒に誰がベルギーに
行くの?

Elle va **te** répondre dans quelques
エル　ヴァ　トゥ　れぽンドる　ダン　ケルク
jours.
ジュール

彼女は数日後に君に返事す
るでしょう.

Je **t'**attends depuis une demi-heure.
ジュ　タタン　ドゥピュイ　ユヌ　ドゥミユーる

僕は君を半時間前から待っ
ています.

---

il [イル] □□ 008	人代 彼は
il est [イレ]	代 (非人称主語) (時間が) 〜である
lui [リュイ]	人代 (間接目的) 彼に
lui [リュイ]	人代 (前置詞の後) 彼
le [ル] □□ 009	定冠 (男性単数形) その
l'	定冠 (母音と無音の h の前) その
ce [ス] □□ 010	指形 この, その, あの
cette [セット]	指形 (女性単数形) この, その, あの

Il joue très bien du piano.
イル ジュ トれ ビヤン デュ ピアノ

彼はとてもピアノが上手です.

Il est une heure.
イレ ユヌーる

1 時です.

Je voudrais **lui** offrir un cadeau.
ジュ ヴドれ リュイ オフリーる アン カド

私は彼に贈り物をしたい.

Cette moto est à **lui**.
セット モト エタ リュイ

このバイクは彼のです.

Je vais voir **le** château de Versailles
ジュ ヴェ ヴォワーる ル シャト ドゥ ヴェるサイ

demain.
ドゥマン

明日私はヴェルサイユ宮殿を見に行きます.

L'autobus arrive à une heure et
ロトビュス アリーヴ ア ユヌーる エ

demie.
ドゥミ

バスは1時半に到着します.

Ce matin, mon mari est sorti de la
ス マタン モン まり エ ソるティ ドゥ ラ

maison très tôt.
メゾン トれ ト

今朝, 夫はとても早く家を出ました.

J'ai envie de mieux connaître **cette**
ジェ アンヴィ ドゥ ミユ コネトる セット

ville.   (4級 17秋)
ヴィル

私はこの町をもっと良く知りたいです.

| **cet** | 指形 (母音で始まる男性単数名詞の前) |
| [セット] | この，その，あの |

| **ces** | 指形 (複数形) これらの，それらの，あれらの |
| [セ] | |

de	前 ～の，から
[ドゥ]	
□□ 011	

| **du** | 前 (de と le の縮約形) ～の，から |
| [デュ] | |

| **d'** | 前 (母音と無音の h の前) ～の，から |

| **des** | 前 (de と les の縮約形) ～の，から |
| [デ] | |

aller	動 (不定法) 行く
[アレ]	
□□ 012	

| **va** | 動 (彼(女)は) 行く |
| [ヴァ] | |

Tu achèteras des gâteaux avec
テュ　アシェトら　デ　ガト　アヴェック

cet argent !　　　　　(4級 18 秋)
セッタるジャン

このお金でお菓子を買いなよ！

Tes filles ont fait **ces** sandwichs.
テ　フィイ　オン　フェ　セ　サンドウィッチ

君の娘さんたちがこれらのサンドウィッチを作りました.

Ambre est très contente **de** cette
アンブる　エ　トれ　コンタント　ドゥ　セット

nouvelle.
ヌヴェル

アンブルはこの知らせをとても喜んでいます.

Fabrice vient **du** Canada.
ファブリス　ヴィヤン　デュ　カナダ

ファブリスはカナダ出身です.

Il est professeur **d'**anglais.
イレ　プろフェスーる　ダングレ

彼は英語教師です.

New York n'est pas la capitale
ニュヨるク　ネ　パ　ラ　カピタル

des États-Unis.　　　　(4級 17 春)
デゼタズユニ

ニューヨークはアメリカ合衆国の首都ではありません.

Pour **aller** à la gare du Nord, s'il
ブーる　アレ　ア　ラ　ガーる　デュ　ノーる　スィル

vous plaît ?
ヴ　プレ

北駅に行くにはどうすればいいでしょうか？

Elle **va** à l'école.
エル　ヴァ　ア　レコル

彼女は学校に行く.

---

vais [ヴェ]	動 (私は) 行く
vas [ヴァ]	動 (君は) 行く
allez [アレ]	動 (あなた(たち)は) 元気だ
allée [アレ]	動 (過去分詞女性単数形) 行った
allons [アロン]	動 (私たちは) 行く
vont [ヴォン]	動 (彼(女)らは) 行く
allés [アレ]	動 (過去分詞男性複数形) 行った
allé [アレ]	動 (過去分詞男性単数形) 行った
irai [イれ]	動 (単純未来形) (私は) 行くつもりだ
va [ヴァ]	動 都合がいい

Je **vais** au Brésil en mars.
ジュ ヴェ オ ブれズィル アン マるス

私は3月にブラジルに行きます.

Où **vas**-tu, Hugo ?
ウ ヴァ テュ ユゴ

ユゴ，君はどこにいくの?

Vous n'**allez** pas bien ?　　(4級19春)
ヴ ナレ パ ビヤン

あなたは具合が良くないですか?

Elle est **allée** au cinéma.
エレ タレ オ スィネマ

彼女は映画に行きました.

Nous **allons** à la piscine trois fois
ヌザろン ア ラ ピスィヌ トろワ フォワ

par semaine.
パーる スメヌ

私たちは週3回プールに行きます.

Ils **vont** à la gare.
イル ヴォン ア ラ ガーる

彼らは駅に行く.

Mes parents sont **allés** au concert.
メ パらン ソンタレ オ コンセーる

両親はコンサートに行きました.

Je suis **allé** à l'hôpital.　　(4級19春)
ジュ スュイ アレ ア ロピタル

僕は病院に行きました.

J'**irai** à l'église.
ジィれ ア レグリーズ

僕は教会に行くつもりです.

À six heures, ça te **va** ?
ア スィズーる サ トゥ ヴァ

6時で，君はいいの?

■

allons-y [アロンズィ]	熟·慣 (命令形) 行こう
aller +不定法 [アレ]	助動 ～するだろう
vous [ヴ] □□ 013	人代 あなた(たち)は
	人代 (間接目的) あなた(たち)に
	人代 (直接目的) あなた(たち)を
	人代 (前置詞の後) あなた(たち)
oui [ウィ] □□ 014	副 はい

Allons-y !
アロンズィ

行きましょう!

Je **vais** attendre chez moi.   (4級 16 秋)
ジュ ヴェ　アタンドる　シェ　モワ

私は家で待つでしょう.

Vous avez des cours aujourd'hui ?
ヴザヴェ　　デ　クーる　オジュるデュイ

あなた(たち)は今日授業が
ありますか?

Je vais **vous** montrer les photos.
ジュ ヴェ　ヴ　モントれ　レ　フォト
　　　　　　　　　　　　　　　(4級 15 春)

あなたに写真をお見せしま
しょう.

Je peux **vous** aider ?
ジュ プ　ヴゼデ

お手伝いしましょうか?

De chez **vous,** vous voyez la mer ?
ドゥ　シェ　ヴ　　ヴ　ヴォワイエ ラ メーる
　　　　　　　　　　　　　　　(4級 18 春)

あなたの家から, 海が見え
ますか?

Oui, un peu.
ウィ　アン　プ

はい, ちょっと.

① 曜日と月

曜日名

lundi [ランディ] 　　　　　　　男 月曜日

mardi [マるディ] 　　　　　　　男 火曜日

mercredi [メルクるディ] 　　　　男 水曜日

jeudi [ジュディ] 　　　　　　　　男 木曜日

vendredi [ヴァンドるディ] 　　　男 金曜日

samedi [サムディ] 　　　　　　　男 土曜日

dimanche [ディマンシュ] 　　　　男 日曜日

月名

janvier [ジャンヴィエ] 　　　　　男 1 月

février [フェヴリエ] 　　　　　　男 2 月

mars [マるス] 　　　　　　　　　男 3 月

avril [アヴリル] 　　　　　　　　男 4 月

mai [メ] 　　　　　　　　　　　　男 5 月

juin [ジュアン] 　　　　　　　　男 6 月

juillet [ジュイエ] 　　　　　　　男 7 月

août [ウ（ット）] 　　　　　　　　男 8 月

septembre [セプタンブる] 　　　男 9 月

octobre [オクトブる] 　　　　　　男 10月

novembre [ノヴァンブる] 　　　　男 11月

décembre [デサンブる] 　　　　　男 12月

☆☆☆☆

PARTIE 2

27 mots

015-041

頻度 43 回以上の語

c'est

[セ]
□□ 015

熟・慣 これは〜である

---

ce sont

[ス ソン]

熟・慣 こちらは〜である

---

c'est dommage

[セ ドマージュ]

熟・慣 残念である

---

c'est … que

[セ … ク]

熟・慣 〜なのは〜である

---

c'est tout

[セ トゥ]

熟・慣 それで全部である

---

elle

[エル]
□□ 016

人代 彼女は

---

lui

[リュイ]

人代 (間接目的) 彼女に

---

y

[イ]
□□ 017

代 (場所) そこに

---

il y a

[イリヤ]

熟・慣 〜がある

C'est au premier étage.
セ　オ　プ ュ ミエ　エタージュ

それは 2 階です.

Ce sont les enfants d'Olivier.
ス　ソン　レザンファン　ドリヴィエ

こちらはオリヴィエの子ども
たちです.

C'est dommage !
セ　ドマージュ

残念です!

C'est à Paris **que** j'ai trouvé ce
セ　ア　パリ　ク　ジェ　トるヴェ　ス

tableau.　　　　　　　　　　　(4級 14 秋)
タブロ

この絵を見つけたのはパリ
です.

C'est tout.
セ　トゥ

それで全部です.

Elle donne des cours de japonais.
エル　ドンヌ　デ　クーる　ドゥ　ジャポネ

彼女は日本語の授業をして
います.

Qu'est-ce que vous allez **lui** offrir ?
ケス　ク　ヴザレ　リュイ　オフリーる

あなたは彼女に何をプレゼ
ントしますか?

Je peux **y** aller avec ta voiture ?
ジュ　プ　イ　アレ　アヴェック　タ　ヴォワテューる

君の車で私がそこに行って
もいいの?

Il y a un jardin derrière la maison.
イリヤ　アン　ジャるダン　デリエーる　ラ　メゾン
　　　　　　　　　　　　　　　　(4級 19 秋)

家の裏に庭があります.

---

il y a ［イリヤ］	熟・慣 ～がいる
il y a ［イリヤ］	熟・慣 (時間) ～前
on y va ［オニ ヴァ］	熟・慣 行こう
du ［デュ］ □□ 018	部冠 (男性形) いくらかの
de la ［ドゥラ］	部冠 (女性形) いくらかの
de ［ドゥ］	部冠 (否定文で部分冠詞の代用) いくらかの
de l'	部冠 (母音の前) いくらかの
pas ［パ］ □□ 019	副 (動詞の否定) ～でない
pas du tout ［パ デュ トゥ］	熟・慣 全くない
pas de ＋名詞 ［パ ドゥ］	副 (名詞の否定) ～でない

Il y a beaucoup d'élèves dans la
イリヤ　　ボク　　デレーヴ　　ダン　ラ

classe.
クラス

クラスにはたくさん生徒が
います.

Il y a trois semaines.
イリヤ　トろワ　スメヌ

3週間前です.

On y va !
オニ　ヴァ

行こう!

Vous voulez **du** sucre ?
ヴ　　ヴレ　　デュ　スュクる

砂糖はいりますか?

Ce matin, j'ai **de la** fièvre.
ス　マタン　ジェ　ドゥ ラ フィエーヴる

今朝, 私は熱があります.

Nous n'avons plus **de** bière.
ヌ　　ナヴォン　プリュ　ドゥ ビエーる

ビールはもうありません.

Vous avez **de l'**argent ?
ヴザヴェ　　　ドゥ　らるジャン

あなたはお金をもっていま
すか?

Je n'aime **pas** cette cravate.
ジュ　ネム　　パ　　セット　くらヴァット

私はこのネクタイが好きで
はありません.

Non, **pas du tout**.
ノン　　パ　デュ　トゥ

いいえ, 全く.

Pas de problème.
パ　ドゥ　プろブレム

問題ありません.

---

mon

[モン]
□□ 020

所形 (男性単数形) 私の

---

ma

[マ]

所形 (女性単数形) 私の

---

mes

[メ]

所形 (複数形) 私の

---

avec

[アヴェック]
□□ 021

前 一緒に

---

avec plaisir

[アヴェック
プレズィーる]

熟・慣 喜んで

---

avec

[アヴェック]

前 ～に対して

---

avec

[アヴェック]

前 ～付きの

---

ils

[イル]
□□ 022

人代 彼らは

Mon chat est mort quand j'avais
モン　シャ　エ　モーる　カン　ジャヴェ

sept ans.
セタン

猫は私が7歳のときに死にました.

J'ai prêté **ma** moto à mon ami.
ジェ　プれテ　マ　モト　ア　モナミ

私はバイクを友人に貸しました.

Je me souviens de **mes** camarades
ジュ　ム　スヴィヤン　ドゥ　メ　カマらッド

de classe. (4級 15 春)
ドゥ　クラス

私はクラスメートたちを覚えています.

Lucas a joué au foot **avec** ses amis.
リュカ　ア　ジュエ　オ　フット　アヴェック　セザミ

リュカは友人たちとサッカーをしました.

Avec plaisir !
アヴェック　プレズィーる

喜んで!

Soyez gentils **avec** les
ソワイエ　ジャンティ　アヴェック　レ

personnes âgées. (4級 15 春)
ぺるソヌザジェ

お年寄りには親切にしてください.

Vous avez une chambre **avec**
ヴザヴェ　ユヌ　シャンブる　アヴェック

douche ?
ドゥシュ

シャワー付きの部屋はありますか?

Ils habitent ici depuis longtemps ?
イルザビット　イスィ　ドゥビュイ　ロンタン

彼らはずっと前からここに住んでいるのですか?

| **les**
[レ] | 人代 (直接目的) それらを |

| **leur**
[ルーる] | 人代 (間接目的) 彼らに |

| **eux**
[ウ] | 人代 (前置詞の後) 彼ら |

| **non**
[ノン]
□□ 023 | 副 いいえ |

| **nous**
[ヌ]
□□ 024 | 人代 私たちは |

| | 人代 (前置詞の後) 私たち |

| | 人代 (直接目的) 私たちに・を |

| **faire**
[フェーる]
□□ 025 | 動 (不定法) 〜する |

| **il fait**
[イル フェ] | 非動 (天候が) 〜である |

— Je cultive des légumes.
ジュ キュルティーヴ デ レギュム

— Ah, bon. Tu **les** manges ?
ア ボン テュ レ マンジュ　　(4級16春)

―ぼくは野菜を作ってるんだ.
―そう, それらを食べるの?

Je **leur** téléphone chaque jour.
ジュ るーる テレフォン シャック ジューる

私は彼らに毎日電話します.

Vous irez chez **eux** ce week-end ?
ヴズィれ シェズ ス ウィケンド

あなたは今週末に彼らの家に行くつもりですか?

Non, je ne suis pas étudiant.
ノン ジュ ヌ スュイ パ エテュディアン

いいえ, 私は学生ではありません.

Nous sommes très contents de
ヌ ソム トれ コンタン ドゥ

retrouver nos enfants.
るトるヴェ ノザンファン

私たちは子どもたちと再会できてとても嬉しいです.

Ce bureau est assez petit pour
ス ビュろ エタッセ プティ プーる

nous.
ヌ

このオフィスは私たちにはかなり小さいです.

Venez **nous** voir vers neuf heures.
ヴネ ヌ ヴォワーる ヴェーる ヌヴーる

9時ごろ私たちに会いに来てください.

Qu'est-ce que vous allez **faire** ?
ケス ク ヴザレ フェーる

あなたは何をするつもりですか?

Ici, il **fait** froid en hiver ?
イスィ イル フェ フろワ アニヴェーる

ここは, 冬は寒いですか?

fait [フェ]	動 (彼(女)は) 〜する
fait [フェ]	動 (過去分詞) 〜した
fais [フェ]	動 (君は) 〜する
fais [フェ]	動 (私は) 作る
faisons [フゾン]	動 (私たちは) 〜する
faire des courses [フェーる デ クるス]	熟・慣 買物する
font [フォン]	動 (彼(女)らは) 〜する
ne [ヌ] □□ 026	副 (動詞の否定) (pas と共に) 〜ない
n'	副 (母音の前) 〜ない

Céline **fait** la cuisine.　(4級 14 秋)
セリヌ　フェ　ラ　キュイズィヌ

セリーヌは料理をします.

Qu'est-ce que vous avez **fait**
ケス　ク　ヴザベ　フェ

samedi dernier ?
サムディ　デるニエ

先週の土曜日は何をしましたか?

Tu **fais** de la guitare ?
テュ　フェ　ドゥ ラ　ギターる

ギターを弾けるの?

Je **fais** du vin chaud.
ジュ　フェ　デュ ヴァン　ショ

私はホットワインを作る.

Nous **faisons** du karaté tous les
ヌ　フゾン　デュ　カラテ　トゥ　レ

samedis.
サムディ

私たちは毎週土曜日に空手をやります.

Je vais **faire des courses**.
ジュ　ヴェ　フェーる　デ　クるス

私は買い物に行きます.

Ils **font** du tennis.
イル　フォン　デュ　テニス

彼らはテニスをします.

Vous **ne** devez pas fumer dans cette
ヴ　ヌ　ドゥヴェ　パ　フュメ　ダン　セット

salle.　(4級 16 春)
サル

あなたたちはこの部屋でタバコを吸ってはいけません.

Tu **n**'aimes pas voyager ?
テュ　ネム　パ　ヴォワヤジェ

君は旅行するのが好きじゃないの?

---

ne ... que [ヌ ... ク]	熟・慣 ~しか~ない
en [アン] □□ 027	前 (場所) ~に
	前 (時間) ~に
	前 (乗り物) ~で
en voyage [アン ヴォワヤージュ]	熟・慣 旅行中の
en retard [アン るタ一る]	熟・慣 遅れて
en face de [アン ファス ドゥ]	熟・慣 (~の) 向かいに
très [トれ] □□ 028	副 とても
heure [ウ一る] □□ 029	女 時

Anne **ne** mange **que** des légumes.
アンヌ　ヌ　マンジュ　ク　デ　レギュム

アンヌは野菜しか食べません.

Axel habite **en** Allemagne.
アクセル　アビット　アナルマーニュ

アクセルはドイツに住んでいます.

Nous allons visiter cette ville
ヌザロン　ヴィズィテ　セット　ヴィル

en automne.
アノトヌ

私たちは秋にこの町を訪れるつもりです.

On peut y aller **en** voiture ?
オン　プ　イ　アレ　アン　ヴォワテュール

車でそこに行けますか?

Mes parents sont **en voyage**.
メ　パらン　ソンタン　ヴォワヤージュ

両親は旅行中です.

Je suis très **en retard**.
ジュ　スュイ　トれザン　るタール

私はとても遅れています.

Juste **en face de** la poste.
ジュスト　アン　ファス　ドゥ　ラ　ポスト

ちょうど郵便局の向かいです.

Il parle **très** bien le japonais.
イル　パるル　トれ　ビヤン　ル　ジャポネ

彼は日本語を話すのがとても上手です.

Quelle **heure** est-il ?
ケルーる　エティル

今何時ですか?

heures [ウーる]	女 (複数形) 時

son [ソン] □□ 030	所形 (男性単数形) 彼(女)の

sa [サ]	所形 (女性単数形) 彼(女)の

ses [セ]	所形 (複数形) 彼(女)の

dans [ダン] □□ 031	前 (場所) ～の中に

	前 (場所) ～で

	前 (時間) ～後

ton [トン] □□ 032	所形 (男性単数形) 君の

— Vous prenez quel train ?
ヴ　プるネ　ケル　トらン

— Celui de neuf **heures** quinze. (4級17春)
スリュイ　ドゥ　ヌヴーる　　カーンズ

—あなたたちはどの電車に乗りますか?
—9時15分のです.

Il n'est pas content de **son** nouvel
イル　ネ　パ　コンタン　ドゥ　ソン　ヌヴェル

ordinateur. (4級15春)
オるディナトゥーる

彼は新しいパソコンに満足していません.

Sa mère, elle est comment ?
サ　メーる　　エレ　　エ　コマン

彼(女)のお母さんってどんな人ですか?

Augustine　voyage　en　Espagne
オギュスティヌ　ヴォワヤージュ　アン　アネスパニュ

pendant **ses** vacances.
パンダン　セ　ヴァカンス

オギュスティーヌは休暇中にスペインを旅行します.

Il y a combien d'étudiants **dans**
イリヤ　コンビヤン　デテュディアン　ダン

votre cours ?
ヴォトる　クーる

あなたの授業には何人学生がいますか?

Olivier tombe **dans** l'escalier.
オリヴィエ　トンブ　ダン　レスカリエ
(4級19春)

オリヴィエは階段で転びます.

Camille va se marier **dans** un mois.
カミイ　ヴァ　ス　マリエ　ダンザン　モワ

カミーユは1か月後に結婚するでしょう.

Où　est-ce　que　tu　as　laissé　**ton**
ウ　エス　ク　テュ　ア　レッセ　トン

passeport ?
パスポーる

どこにパスポートを置いてきたんだい?

---

ta [タ]	所形 (女性単数形) 君の
tes [テ]	所形 (複数形) 君の
on [オン] □□ 033	代 (会話での nous の代用) 私たちは, 人は 　　*動詞は (彼(女)は) 〜の形になる.
bien [ビヤン] □□ 034	副 上手に
bien sûr [ビヤン スュール]	熟・慣 もちろん
bien [ビヤン]	副 よく
et [エ] □□ 035	接 そして
qu'est-ce que [ケスク] □□ 036	熟・慣 何を
qu'est-ce qu'	熟・慣 (母音の前) 何を

Dis au revoir à **ta** mère.
ディ　オ　るヴォワーる　ア　タ　メーる

お母さんによろしくね.

Louis, finis d'abord **tes** devoirs.
ルイ　フィニ　ダボーる　テ　ドゥヴォワーる

ルイ, まず宿題を終わらせ
なさい.

On a encore le temps.
オンナ　アンコーる　ル　タン

私たちはまだ時間がありま
す.

Eva conduit très **bien**.
エヴァ　コンデュイ　トれ　ビヤン

エヴァは運転がとても上手
です.

Bien sûr !
ビヤン　スューる

もちろん!

Tu dors **bien** ?　　　　　　(5級16秋)
テュ　ドーる　ビヤン

君はよく眠れるの?

Je vais bien. **Et** toi ?
ジュ　ヴェ　ビヤン　エ　トワ

私は元気だよ. それで君
は?

Qu'est-ce que tu vas faire ce
ケス　　　ク　テュ　ヴァ　フェーる　ス

week-end ?
ウィケンド

君は今週末に何をするの?

Qu'est-ce qu'elle fait ?
ケス　　　ケル　　フェ

彼女は何をしているの?

---

quel

[ケル]
□□ 037

疑形 (男性単数形) どの，どんな

quelle

[ケル]

疑形 (女性単数形) どの，どんな

quelles

[ケル]

疑形 (女性複数形) どの，どんな

quel

[ケル]

形 なんて

vouloir

[ヴ␣ロワーる]
□□ 038

veux

[ヴ]

動 (君は) 欲しい

voulez

[ヴレ]

動 (あなた(たち)は) 〜したい

voudrais

[ヴドれ]

動 (私は) 〜したいのです

veux

[ヴ]

動 (私は) 〜したい

À Paris, **quel** temps fait-il
ア　パリ　ケル　タン　フェティル

aujourd'hui ?
オジュるデュイ

今日パリはどんな天気ですか?

Le match commence à
ル　マッチ　コマンス　ア

quelle heure ?
ケルーる

試合は何時に始まりますか?

Vous parlez **quelles** langues ?
ヴ　パるレ　ケル　ラング

あなたは何語を話せますか?

Quel beau temps !
ケル　ボ　タン

なんて素晴らしい天気でしょう!

Tu **veux** encore du thé ?
テュ　ヴ　アンコーる　デュ　テ

君はもっと紅茶を欲しい?

Vous **voulez** acheter ce petit sac ?
ヴ　ヴレ　アシュテ　ス　プティ　サック

あなたはこの小さなバッグを買いたいのですか?

Je **voudrais** acheter un pantalon
ジュ　ヴドれ　アシュテ　アン　パンタロン

noir.
ノワーる

私は黒いズボンを買いたいのです.

Je ne **veux** pas sortir.
ジュ　ヌ　ヴ　パ　ソるティール

私は出かけたくありません.

veut [ヴ]	動 (彼(女)は) 〜したい
veulent [ヴル]	動 (彼(女)らは) 欲しい
veux [ヴ]	動 (私は) 欲しい
venir [ヴニーる] □□ 039	動 (不定法) 来る
viens [ヴィヤン]	動 (君は) 来る
venir de [d'] +不定法 [ヴニーる ドゥ]	熟・慣 〜したばかりだ
vient [ヴィヤン]	動 (彼(女)は) 来る
venez [ヴネ]	動 (あなた(たち)は) 来る
viennent [ヴィエンヌ]	動 (彼(女)らは) 来る
viens de +国名，地名 [ヴィヤン ドゥ]	熟・慣 (私は) 〜の出身である

Il **veut** voir ce film.
イル　ヴ　ヴォワーる　ス　フィルム

彼はその映画を観たい.

Qu'est-ce qu'elles **veulent** ?　(5級 18 秋)
ケス　　　ケル　　　ヴル

彼女たちは何が欲しいのですか?

Je **veux** de l'eau minérale.
ジュ　ヴ　ドゥ　ロ　　ミネラル

私はミネラルウォーターが欲しいです.

Je ne peux pas **venir** demain.
ジュ　ア　プ　パ　ヴニーる　ドゥマン

私は明日来られません.

Tu **viens** voir mon studio ?
テュ　ヴィヤン　ヴォワーる　モン　ステュディオ

君は僕のワンルームを見に来る?

Léna **vient d'**arriver à Genève.
レナ　　ヴィヤン　　ダりヴェ　ア　ジュネーヴ

レナはジュネーヴに到着したばかりです.

Elle **vient** comment ici ?　(4級 18 春)
エル　　ヴィヤン　　コモン　　イスィ

彼女はどうやってここに来るの?

Vous **venez** avec moi ?
ヴ　　ヴネ　アヴェック　モワ

あなたは私と一緒に来ますか?

Jean et Luc **viennent** dîner chez
ジャン　エ　リュック　ヴィエンヌ　　ディネ　　シェ

nous.
ヌ

ジャンとリュックは我が家に夕食を食べに来ます.

Non, je **viens du** Canada.　(4級 19 秋)
ノン　ジュ　ヴィヤン　デュ　カナダ

いいえ, 私はカナダ出身です.

prendre [プらンドる] □□ 040	動 (不定法) 食べる
prends [プらン]	動 (私は) 買う
prends [プらン]	動 (私は) 乗る
prends [プらン]	動 (君は) 注文する
prenez [プるネ]	動 (あなた(たち)は) 曲がる
prend [プらン]	動 (彼(女)は) 浴びる
pris [プり]	動 (過去分詞) 撮った
prennent [プれンヌ]	動 (彼(女)らは) 乗る
prenons [プるノン]	動 (私たちは) 乗る

On va **prendre** notre petit
オン ヴァ プらンドる ノトる プティ

déjeuner ?
デジュネ

朝食を食べましょうか？

Je **prends** un kilo de tomates.
ジュ プらン アン キロ ドゥ トマト

私はトマトを1キロ買います.

Entre Dijon et Marseille, je **prends**
アントる ディジョン エ まるセイ ジュ プらン

le TGV.
ル テジェヴェ

ディジョン - マルセイユ間は, 私は TGV に乗ります.

Tu **prends** un dessert ? (4級17秋)
テュ プらン アン デセーる

君はデザート注文するの？

Vous **prenez** la deuxième rue à
ヴ プるネ ラ ドゥズィエム りュ ア

gauche.
ゴーシュ

2番目の通りを左に曲がってください.

Ma femme **prend** une douche.
マ ファム プらン ユヌ ドゥシュ

妻はシャワーを浴びます.

Tu as **pris** beaucoup de photos ?
テュア ア プり ボク ドゥ フォト

たくさん写真を撮ったかい?

Ils **prennent** un taxi. (5級18秋)
イル プれンヌ アン タクスィ

彼らはタクシーに乗ります.

Nous **prenons** cet avion.
ヌ プるノン セタヴィオン

私たちはこの飛行機に乗ります.

---

les

[レ]
☐☐ 041

定冠 (複数形) その

Où sont **les** clés de la maison ?

ウ　ソン　レ　クレ　ドゥ　ラ　メゾン

(4級 18春)

家の鍵はどこにあります
か？

② 季節・方角・家族

季節

au printemps [オ プ らンタン] 熟·慣 春に

en été [アネテ] 熟·慣 夏に

en automne [アノトヌ] 熟·慣 秋に

en hiver [アニヴェーる] 熟·慣 冬に

方角

à droite [ア ドろワット] 熟·慣 右に

tout droit [トゥ ドろワ] 熟·慣 まっすぐ

à gauche [ア ゴシュ] 熟·慣 左に

l'est [レスト] 男 東

l'ouest [ルウェスト] 男 西

le sud [ル スュッド] 男 南

le nord [ル ノーる] 男 北

家族

le père [ル ペーる] 男 父

la mère [ラ メーる] 女 母

les parents [レ パらン] 男 (複数形)両親

le frère [ル フれーる] 男 兄, 弟

la sœur [ラ スーる] 女 姉, 妹

le grand-père [ル グらンペーる] 男 祖父

la grand-mère [ラ グらンメーる] 女 祖母

le cousin / la cousine [ル クザン / ラ クズィヌ] 男 女 いとこ

44 mots

042-085

頻度 17 回以上の語

pour
[プーる]
□□ 042

前 ～のために

前 ～に向けて

前 ～の間

bon
[ボン]
□□ 043

形 よい

ah bon
[ア ボン]

熟・慣 そう

bon
[ボン]

形 よろしい

bons
[ボン]

形 (男性複数形) 美味しい

bonne
[ボンヌ]

形 (女性単数形) 美味しい

Je voudrais réserver une table **pour** ce soir. (4級18春)	今夜のためにテーブルを予約したいと思います.
Hier, mes amis sont partis **pour** le Portugal.	昨日, 友人たちはポルトガルに向けて出発しました.
Michel est à Lille **pour** quatre jours.	ミッシェルは4日間リールにいます.
C'est un très **bon** whisky écossais.	これはとてもいいスコッチウイスキーです.
Ah bon ! Je ne le savais pas !	そう! 知らなかった!
C'est **bon**.	よし.
Mais les sandwichs avaient l'air très **bons**. (4級14秋)	でもサンドイッチはとても美味しそうでした.
Cette pâtisserie n'est pas très **bonne**.	そのケーキ屋はあまり美味しくない.

bonnes vacances
[ボンヌ ヴァカンス]　熟・慣 よいヴァカンスを

bon
[ボン]　形 正しい

bon anniversaire
[ボナニヴェるセーる]　熟・慣 誕生日おめでとう

bon appétit
[ボナペティ]　熟・慣 召し上がれ

bonne journée
[ボンヌ ジュるネ]　熟・慣 よい一日を

bonne nuit
[ボンヌ ニュイ]　熟・慣 おやすみ

ça
[サ]
□□ 044　代 これ, それ, あれ

ça fait
[サ フェ]　熟・慣 (金額が) 〜である

ça va
[サ ヴァ]　熟・慣 元気だ

et avec ça
[エ アベック サ]　熟・慣 ほかには

Bonnes vacances !　(4級15秋, 5級19春)
ボンヌ　　ヴァカンス

よいヴァカンスを！

C'est le bon chemin ?
セ　ル　ボン　シュマン

これは正しい道ですか？

Bon anniversaire !
ボナニヴェるセーる

誕生日おめでとう！

Bon appétit !
ボナペティ

召し上がれ！

Bonne journée !
ボンヌ　　ジュるネ

よい一日を！

Bonne nuit !　(5級18春)
ボンヌ　ニュイ

おやすみ！

Où ça ?　(4級18秋)
ウ　サ

それはどこ？

Ça fait combien ?
サ　フェ　コンビヤン

全部でいくらですか？

Ça va ?
サ　ヴァ

元気？

Et avec ça ?
エ　アヴェック　サ

ほかにも何か？

c'est ça
[セサ]

熟・慣 そのとおり

s'il vous plaît
[スィル ヴ プレ]
☐☐ 045

熟・慣 お願いします

s'il te plaît
[スィル トゥ プレ]

熟・慣 お願いね

ans
[アン]
☐☐ 046

男 (複数形) 歳

chez
[シェ]
☐☐ 047

前 ～の家に

qui
[キ]
☐☐ 048

疑代 誰が

qui est-ce
[キ エス]

熟・慣 誰ですか

qui
[キ]

関代 (主格形) ～するところの

où
[ウ]
☐☐ 049

疑副 どこに

Oui, c'est ça.
ウィ　セ　サ

はい，そうです．

Ouvrez la fenêtre, s'il vous plaît !
ウヴれ　ラ　フネトる　スィル　ヴ　プレ
(4級 17 春)

窓を開けてください，お願いします！

Un café, s'il te plaît.
アン　カフェ　スィル トゥ　プレ

コーヒーを 1 杯お願いね．

Sa fille a sept ans.
サ　フィイ　ア　セタン

彼（女）の娘は 7 歳です．

Tu viens chez moi demain ?
テュ　ヴィヤン　シェ　モワ　ドゥマン

明日私の家に来るの？

Qui chante le mieux dans votre
キ　シャント　ル　ミュ　ダン　ヴォトる

classe ?
クラス

あなたのクラスで誰が一番歌が上手ですか？

Qui est-ce ?
キ　エス

誰ですか？

J'ai une copine qui habite avec son
ジェ　ユヌ　コピヌ　キ　アビット　アベック　ソン

mari à Kyoto.
マり　ア　キヨト
(4級 17 秋)

私には京都で夫と暮らす友だちがいます．

Où se trouve la salle onze ?
ウ　ス　トゥるーヴ　ラ　サル　オーンズ

11 号室はどこにありますか？

père

男 父

[ぺーる]
□□ 050

pouvoir

[プヴォワーる]
□□ 051

peux

動 (私は) 〜できる

[プ]

peut

動 (人は) 〜できる

[プ]

peux

動 (君は) 〜できる

[プ]

pouvez

動 (あなた(たち)は) 〜できる

[プヴェ]

aimer

[エメ]
□□ 052

aime

動 (私は) 好きだ

[エム]

aimes

動 (君は) 好きだ

[エム]

C'est le **père** de Jules.
セ ル ペーる ドゥ ジュル

こちらはジュールの父親です.

Je **peux** essayer ce pantalon ?
ジュ プ エセイエ ス パンタロン

このズボンを試着できますか?

On **peut** fumer sur le campus ?
オン プ フュメ スューる ル カンピュス

キャンパスでタバコを吸えますか?

Tu **peux** aller à la pâtisserie à côté
テュ プ アレ ア ラ パティスり ア コテ

de l'école.　　　　　　　　(4級 16春)
ドゥ レコル

学校の傍のケーキ屋さんなら行けるよ.

Pouvez-vous　　me　　donner
プヴェ ヴ 　　ム　　ドネ

un express ?
アネ(ク)スプれス

エスプレッソを 1 杯いただけますか?

J'aime beaucoup le rugby.
ジェム ボク ル りュグビ

私はラグビーが大好きです.

Tu **aimes** quelle musique ?
テュ エム ケル ミュズィック

どんな音楽が好きなの?

---

aime [エム]	動 (彼(女)は) 好きだ
aimez [エメ]	動 (あなた(たち)は) 好きだ
aimé [エメ]	動 (過去分詞) 好きだった
comment [コマン] □□ 053	副 どうやって, どのように
mais [メ] □□ 054	接 しかし
mère [メーる] □□ 055	女 母
beaucoup [ボク] □□ 056	副 たくさん
manger [マンジェ] □□ 057	動 (不定法) 食べる

Marc **aime** boire.   （4級16春）
マルク　エム　ボワーる

マルクはお酒を飲むのが好きだ.

Vous **aimez** voyager ?
ヴゼメ　　　　ヴォワヤジェ

あなた（たち）は旅行するのが好きですか?

Tu as bien **aimé** ce CD ?
テュ ア ビヤン エメ ス セデ

この CD 気に入ったかい?

Comment vont-ils à Nancy ?
コマン　　　　ヴォンティル ア ナンスィ

彼らはどうやってナンシーに行くのですか?

Oui, **mais** elle n'est jamais allée au
ウィ　　メ　エル　ネ　ジャメ　アレ　オ

Japon.   （4級14秋）
ジャポン

はい，でも彼女は一度も日本に行ったことがありません.

Sa **mère** est japonaise.
サ　メーる　エ　ジャポネーズ

彼（女）の母親は日本人です.

Vous   avez   pris   **beaucoup**   de
ヴザヴェ　　ブり　　　　　ボク　　　　ドゥ

photos ?
フォト

あなたはたくさん写真を撮りましたか?

Qu'est-ce que vous voulez **manger** ?
ケス　　ク ヴ　　ヴレ　　マンジェ
                    （4級18秋）

あなたは何を食べたいですか?

---

mange [マンジュ]	動 (彼(女)は) 食べる
mangé [マンジェ]	動 (過去分詞) 食べた
mange [マンジュ]	動 (私は) 食べる
mangez [マンジェ]	動 (あなた(たち)は) 食べる
manges [マンジュ]	動 (君は) 食べる
voir [ヴォワーる] □□ 058	動 (不定法) 見る
vu [ヴュ]	動 (過去分詞) 会った
voyez [ヴォワィエ]	動 (あなた(たち)は) 会う

Constance **mange** beaucoup de
コンスタンス　マンジュ　　ボク　　　ドゥ

fruits.
フリュイ

コンスタンスはたくさん果物を食べます.

On a **mangé** dans un restaurant
オンナ　マンジェ　ダンザン　れストラン

chinois.
シノワ

私たちは中華レストランで食べました.

Mais je **mange** mieux et je dors
メ　ジュ　マンジュ　ミュ　エ　ジュ　ドーる

mieux.　　　　　　　　　　　(4級16春)
ミュ

でも前より食欲もあり, よく眠れます.

Vous **mangez** où ce soir ?　(5級19秋)
ヴ　　マンジェ　ウ　ス　ソワーる

あなたたちは今晩どこで食事しますか?

Tu **manges** du poisson ?
テュ　マンジュ　デュ　ポワソン

君は魚は食べるの?

Tu viens **voir** notre nouvelle
テュ　ヴィヤン　ヴォワーる　ノトる　ヌヴェル

maison ?　　　　　　　　　(4級18秋)
メゾン

私たちの新しい家を見に来る?

Hier matin, j'ai **vu** Louis à la gare.
イエーる　マタン　ジェ　ヴュ　ルイ　ア　ラ　ガーる

昨日の朝, 私は駅でルイに会いました.

Vous **voyez** souvent vos parents ?
ヴ　　ヴォワイエ　スヴァン　ヴォ　パらン
　　　　　　　　　　　　　　(4級18春)

あなたは頻繁にご両親に会いますか?

voyez [ヴォワィエ]	動 (あなた(たち)は) わかる
voient [ヴォワ]	動 (彼(女)らは) 会う
voyons [ヴォワヨン]	動 (私たちは) 見る
soir [ソワーる] ☐☐ 059	男 夕方, 夜
est-ce que [エス ク] ☐☐ 060	熟・慣 ～ですか
est-ce qu'	熟・慣 (母音の前)
matin [マタン] ☐☐ 061	男 朝
demain [ドゥマン] ☐☐ 062	副 明日
à demain [ア ドゥマン]	熟・慣 また明日

Ce n'est pas difficile, vous **voyez**.
ス　ネ　パ　ディフィスィル　ヴ　ヴォワイエ

これは難しくありません，わかりますね．

Ils **voient** leur grand-père.
イル　ヴォワ　ルーる　グらんペーる

彼らは祖父に会います．

Nous **voyons** la Seine de chez
ヌ　ヴォワヨン　ラ　セヌ　ドゥ　シェ

nous.
ヌ

私たちの家からセーヌ河が見えます．

Je te téléphonerai mercredi **soir**.
ジュ　トゥ　テレフォヌれ　めるくるディ　ソワーる

私は水曜の夜に君に電話します．

Est-ce que Raphaël vient à
エス　ク　らファエル　ヴィヤン　ア

ton anniversaire ?
トナニヴェるセーる

ラファエルは君の誕生日に来ますか？

Est-ce qu'il y a la poste près d'ici ?
エス　キリヤ　ラ　ポスト　プれ　ディスィ

この近くに郵便局はありますか？

Le **matin**, mon enfant boit du lait.
ル　マタン　モナンファン　ボワ　デュ　レ

朝，私の子どもは牛乳を飲みます．

Vous n'êtes pas occupé **demain**
ヴ　ネット　パ　オキュペ　ドゥマン

soir ?
ソワーる

明日の夜，あなたは忙しくありませんか？

Alors, **à demain**.
アローる　ア　ドゥマン

では，また明日．

votre [ヴォトる] □□ 063	所形 (単数形) あなた(たち)の
vos [ヴォ]	所形 (複数形) あなた(たち)の
partir [パるティーる] □□ 064	動 (不定法) 出発する
part [パーる]	動 (それは) 出発する
partez [パるテ]	動 (あなた(たち)は) 出発する
pars [パーる]	動 (君は) 出発する
partons [パるトン]	動 (私たちは) 出発する
pars [パーる]	動 (私は) 出発する
ami [アミ] □□ 065	男 友だち
amis [アミ]	男 (男性複数形) 友だち

L'hôtel est sur **votre** gauche.
ロテル　エ　ス一ーる　ヴォトる　ゴシュ

ホテルはあなたの左側にあります.

Il faut écrire ici **vos** nom et adresse.
イル　フォ　エクりーる　イスィ　ヴォ　ノン　エ　アドれス

ここにあなたの住所氏名を書かなければいけません.

Tu peux **partir** maintenant.
テュ　プ　ぱるティーる　マントゥナン

君は今出発してもいいよ.

Le train **part** dans cinq minutes !
ル　トらン　パーる　ダン　サン　ミニュット

列車は5分後に出発します!

Vous **partez** quand ?　(4級14秋, 4級15春)
ヴ　ぱるテ　カン

いつ出発しますか?

Tu **pars** pour Rouen ?
テュ　パーる　プーる　るアン

君はルーアンに出かけるの?

Nous **partons** à quelle heure ?
ヌ　ぱるトン　ア　ケルーる
(5級17秋)

私たちは何時に出発するのですか?

Je **pars** à neuf heures et quart.
ジュ　パーる　ア　ヌヴーる　エ　カーる

私は9時15分に出発します.

J'attends un **ami**.　(4級16春)
ジャタン　アナミ

私は友だちを待っています.

J'ai des **amis** en France.　(5級19秋)
ジェ　デザミ　アン　フらンス

私にはフランスに友だちがいます.

---

amie [アミ]	囡 (女性単数形) 女性の友だち, 恋人
deux [ドゥ] □□ 066	数 2
Paris [パリ] □□ 067	固名 パリ
encore [アンコーる] □□ 068	副 もっと
pas encore [パ アンコーる]	熟・慣 まだ
sur [スューる] □□ 069	前 〜の上に
	前 (場所) 〜で
	前 〜の方に
combien [コンビヤン] □□ 070	副 どれくらい

Gaspard écrit à son **amie**.
ガスパール　エクリ　ア　　ソナミ

ガスパールは恋人に手紙を書きます.

Samuel y restera encore **deux**
サミュエル　イ　れストら　アンコーる　ドゥ

semaines.
スメヌ

サミュエルはさらに 2 週間そこにとどまるでしょう.

Ce village est à quatre-vingt-dix
ス　ヴィらージュ　エタ　カトる　　ヴァン　ディ

kilomètres de **Paris**.　　　(4級16春)
キロメトる　　ドゥ　　パり

この村はパリから 90km のところにあります.

Vous voulez **encore** de la viande ?
ヴ　　ヴレ　　アンコーる　ドゥ　ラ　ヴィアンド

あなたはもっとお肉が欲しいですか?

Non, **pas encore.**
ノン　　パ　アンコーる

いいえ，まだです.

Arthur est monté **sur** le toit.
アるテューる　エ　モンテ　スューる　ル　トワ

アルテュールは屋根の上に登りました.

Inès se promène **sur** la plage.
イネス　ス　プろメヌ　スューる　ラ　プラージュ

イネスは浜辺を散歩します.

La banque est **sur** votre droite.
ラ　　バンク　エ　スューるヴォトる　ドろワット

銀行はあなたの右手にあります.

Il faut **combien** de temps ?
イル　フォ　コンビヤン　ドゥ　タン

どれくらいの時間が必要ですか?

---

dix [ディス] □□ 071	数 10
maison [メゾン] □□ 072	女 家
gare [がーる] □□ 073	女 駅
quand [カン] □□ 074	疑副 いつ
	接 〜する時
en [アン] □□ 075	代 それ
attendre [アタンドる] □□ 076	
attend [アタン]	動 (彼(女)は) 待つ

Il est deux heures moins **dix**.
イレ　ドゥズーる　モワン　ディス

2時10分前です.

Il y a un chat noir devant la **maison**.
イリヤ　アン　シャ　ノワーる　ドゥヴァン　ラ　メゾン

家の前に黒猫が1匹います.

Voilà la **gare** Montparnasse.
ヴォワラ　ラ　ガーる　モンパるナス

あれがモンパルナス駅です.

Quand est-ce que tu pars en
カンテス　　　ク　テュ　パーる　アン

vacances ?
ヴァカンス

君はいつ休暇に出かけるの?

Je préparais le repas **quand** mon
ジュ　ブれパれ　ル　るパ　カン　モン

mari est rentré.
マり　エ　らントれ

食事の準備をしていると,夫が帰宅しました.

— Il y a encore de la viande ?
イリヤ　アンコーる　ドゥラ　ヴィアンド

— Non, il n'y **en** a plus.　(4級18春)
ノン　イル　ニ　アン　ア　ブリュ

—肉はまだありますか?
—いいえ, もうありません.

Elle m'**attend** au café du coin.
エル　マタン　オ　カフェ　デュ　コワン

角のカフェで彼女が私を待っています.

attendez [アタンデ]	動 (命令形) 待ってください

attends [アタン]	動 (私は) 待つ

attends [アタン]	動 (君は) 待つ

attendent [アタンド]	動 (彼(女)らは) 待つ

déjà [デジャ] □□ 077	副 もう, すでに

voiture [ヴォワテューる] □□ 078	女 車

si [スィ] □□ 079	副 いいえ

	接 もし〜なら

elles [エル] □□ 080	人代 彼女らは

Attendez un peu !
アタンデ　アン　プ

ちょっと待ってください.

J'**attends** mon fils.
ジャタン　モン　フィス

私は息子を待っています.

Tu **attends** quelqu'un ？　(5級 19秋)
テュ　アタン　ケルカン

誰かを待っているの？

Elles **attendent** le taxi.
エルザタンド　ル　タクスィ

彼女たちはタクシーを待っています.

Dis donc ! Il est **déjà** onze heures !
ディ　ドン　イレ　デジャ　オンズーる

ちょっと！もう 11 時だ！

Je vais à l'aéroport en **voiture**.
ジュ　ヴェ　ア　ラエろポーる　アン　ヴォワテューる
(5級 16春)

私は車で空港に行きます.

— Vous n'aimez pas cette cravate ？
ヴ　ネメ　パ　セット　くらヴァット

— **Si**, mais j'aime bien celle-là aussi.
スィ　メ　ジェム　ビヤン　セルラ　オスィ
(4級 14秋)

—このネクタイは好きではないですか？
—いいえ，でもそちらのも好きです.

Si on va au café, ça va ？
スィ　オン　ヴァ　オ　カフェ　サ　ヴァ

カフェに行くけど，いい？

Elles sont un peu fatiguées.
エル　ソン　アン　プ　ファティゲ

彼女たちはちょっと疲れています.

| **les**
[レ] | 人代 (直接目的) 彼女らを |

| **sœur**
[スーる]
□□ 081 | 女 姉, 妹 |

| **sœurs**
[スーる] | 女 (複数形) 姉たち, 妹たち |

| **alors**
[アローる]
□□ 082 | 副 それでは |

| **ah**
[ア]
□□ 083 | 間投 ああ |

| **habiter**
[アビテ]
□□ 084 | |

| **habite**
[アビット] | 動 (彼(女)は) 住む |

| **habitent**
[アビット] | 動 (彼(女)らは) 住む |

— Vous connaissez ces jeunes filles ?
ヴ　コネセ　セ　ジュヌ　フィイ

— Non, nous ne **les** connaissons pas.
ノン　ヌ　ヌ　レ　コネソン　パ
(4級 16秋)

―あなたたちはその若い娘さんたちを知ってますか?
―いいえ, 私たちは彼女たちを知りません.

Ma **sœur** est restée une semaine en Italie.
マ　スーる　エ　れステ　ユヌ　スメヌ
アニタリ

私の妹はイタリアに1週間いました.

Mes **sœurs** chantent bien.
メ　スーる　シャント　ビヤン

私の妹たちは歌が上手です.

Alors, je t'invite au café.
アローる　ジュ　タンヴィット　オ　カフェ

じゃあ僕が君にカフェでおごるよ.

Ah, c'est une bonne idée !
ア　セテュヌ　ボニデ

ああ, それはいい考えです!

Marceau **habite** avec son frère à Dijon.
マるソ　アビット　アヴェック　ソン　フれーる　ア
ディジョン

マルソーはディジョンで弟と住んでいます.

Mes parents **habitent** à Lausanne.
メ　パらン　アビット　ア　ロザンヌ

私の両親はローザンヌに住んでいます.

---

habite ［アビット］	動 （私は）住む
habites ［アビット］	動 （君は）住む
finir ［フィニーる］ □□ 085	動 （不定法）終える
finis ［フィニ］	動 （君は）終える
finit ［フィニ］	動 （それは）終わる
finissez ［フィニセ］	動 （あなた（たち）は）終える

J'habite près du musée Picasso.
ジャビット　プれ　デュ　ミュゼ　ピカソ

私はピカソ美術館の近くに住んでいます.

Tu **habites** où ?
テュ　アビット　ウ

君はどこに住んでるの?

Elle vient de **finir** ses devoirs.
エル　ヴィヤン　ドゥ　フィニーる　セ　ドゥヴォワーる

彼女は宿題を終えたばかりです.

Quand est-ce que tu **finis** ton
カンテス　　　ク　テュ　フィニ　トン

travail ?　　　　　　　　(4級17秋)
トらヴァイ

いつ仕事を終えるの?

Le concert **finit** à seize heures.
ル　コンセーる　フィニ　ア　セズーる

コンサートは16時に終わります.

Vous **finissez** votre travail.　(5級17秋)
ヴ　　フィニセ　　ヴォtrる　トらヴァイ

あなたは仕事を終えます.

③ 国名とその形容詞

Allemagne [アルマニュ]	女	ドイツ	allemand(e) [アルマン(ド)]	ドイツの
Angleterre [アングルテーる]	女	イギリス, イングランド	anglais(e) [アングレ(ーズ)]	イギリスの, イングランドの
Canada [カナダ]	女	カナダ	canadien(ne) [カナディアン(エンヌ)]	カナダの
Chine [シヌ]	女	中国	chinois(e) [シノワ(ーズ)]	中国の
Corée du Sud [これデュスュッド]	女	韓国	coréen(ne) [これアン(エンヌ)]	韓国の
Espagne [エスパニュ]	女	スペイン	espagnol(e) [エスパニョル]	スペインの
États-Unis [エタズュニ]	男	(複数形) アメリカ合衆国	américain(e) [アメリケン(ケヌ)]	アメリカの
France [フらンス]	女	フランス	français(e) [フらンセ(ーズ)]	フランスの
Italie [イタリ]	女	イタリア	italien(ne) [イタリアン(エンヌ)]	イタリアの
Japon [ジャポン]	男	日本	japonais(e) [ジャポネ(ーズ)]	日本の

☆☆☆☆

PARTIE 4

46 mots

086-131

頻度 10 回以上の語

celui

[スリュイ]
□□ 086

代 (男性単数形) これ, それ, あれ

celle

[セル]

代 (女性単数形) これ, それ, あれ

plus

[プリュ]
□□ 087

le [la, les] plus

[ル [ラ, レ] プリュ]　副 (最上級) 最も

ne [n'] ... plus

[ヌ ... プリュ]　副 もう〜ない

il n'y a plus

[イルニヤプリュ]　熟・慣 もう〜ない

Japon

[ジャポン]
□□ 088

固名 男 日本

acheter

[アシュテ]
□□ 089

動 (不定法) 買う

— C'est ton livre ?
セ　トン　リーヴる

— Non, **celui** de mon père.
ノン　スリュイ　ドゥ　モン　ぺーる

—これは君の本？
—いいや，お父さんのだよ．

— Cette montre est à toi ?
セット　モントる　エタ　トワ

— Non, c'est **celle** de mon frère.
ノン　セ　セル　ドゥ　モン　フれーる
(4級18春)

—この腕時計は君のなの？
—いや，弟のだよ．

C'est la rivière **la plus** longue du
セ　ラ　りヴィエーる　ラ　プリュ　ロング　デュ

pays.
ペイ

これは国内で一番長い川です．

Nous **n'avons plus** de vin.　(4級14春)
ヌ　ナヴォン　プリュ　ドゥ　ヴァン

もうワインはありません．

Il n'y a plus de confiture.
イル　ニヤ　プリュ　ドゥ　コンフィテューる

もうジャムはありません．

Tu as des amis au **Japon** ?
テュ　ア　デザミ　オ　ジャポン

君は日本に友だちがいるかい？

Zoé va **acheter** un gâteau pour le
ゾエ　ヴァ　アシュテ　アン　ガト　プーる　ル

dessert.
デセーる

ゾエはデザート用にお菓子を買うつもりです．

achète [アシェット]	動 (彼(女)は) 買う
achète [アシェット]	動 (私は) 買う
achètes [アシェット]	動 (君は) 買う
pourquoi [ぷるコワ] □□ 090	副 なぜ
pourquoi pas [ぷるコワパ]	熟・慣 もちろん
travailler [トらヴァイエ] □□ 091	動 (不定法) 働く
travaille [トらヴァイ]	動 (彼(女)は) 働く
travaille [トらヴァイ]	動 (私は) 働く
gentil [ジャンティ] □□ 092	形 親切な

Ma mère **achète** des œufs. マ　メール　アシェット　デズ	私の母は卵を買います.
J'**achète** ce pull. ジャシェット　ス　ピュル	私はこのセーターを買います.
Tu **achètes** quelque chose ? テュ　アシェット　ケルク　ショーズ	君は何か買うの?
Pourquoi vous ne vous dépêchez ブるコワ　ヴ　ヌ　ヴ　デペシェ pas ?　　　　　　　　　(4級16秋) パ	なぜ君たちは急がないのですか?
Pourquoi pas ? ブるコワ　パ	もちろんです.
Tu dois **travailler** au café cet après- テュ　ドワ　トらヴァイエ　オ　カフェ　セッタプれ midi. ミディ	君は今日の午後はカフェで働かないといけない.
Mon mari **travaille** ici depuis モン　マり　トらヴァイ　イスィ　ドゥピュイ deux ans. ドゥ　ザン	夫は2年前からここで働いています.
Je **travaille** chez un médecin. ジュ　トらヴァイ　シェザン　メドゥサン　　(4級17春)	私は医院で働いています.
C'est très **gentil**, merci. セ　トれ　ジャンティ　メるスィ	御親切に, ありがとうございます.

gentille [ジャンティイ]	形 (女性単数形) 親切な
euros [ウろ] □□ 093	男 (複数形) ユーロ
chambre [シャンブる] □□ 094	女 部屋，寝室
fille [フィイ] □□ 095	女 娘
filles [フィイ]	女 (複数形) 娘たち
beau [ボ] □□ 096	形 (気候が) よい
	形 美しい
belle [ベル]	形 (女性単数形) 美しい
souvent [スヴァン] □□ 097	副 しばしば
ici [イスィ] □□ 098	副 ここで，ここに

Romy est très **gentille**.
ろミ　エ　トれ　ジャンティイ

ロミはとても親切です.

Ça fait trente **euros**.
サ　フェ　トらント　ウろ

全部で 30 ユーロです.

C'est la clé de cette **chambre**.
セ　ラ　クレ　ドゥ　セット　シャンブる

これがその部屋の鍵です.

Ma **fille** déteste les légumes.
マ　フィイ　デテスト　レ　レギュム

私の娘は野菜が大嫌いです.

Tu connais ces jeunes **filles** ?
テュ　コネ　セ　ジュヌ　フィイ

この若い娘さんたちを知ってる?

Il fait **beau** aujourd'hui.　　　(5級16春)
イル　フェ　ボ　オジュるデュイ

今日は天気がいい.

C'est un très **beau** café.
セ　アン　トれ　ボ　カフェ

これはとても綺麗なカフェです.

L'automne est une **belle** saison.
ロトンヌ　エテュヌ　ベル　セゾン

秋は美しい季節です.

Vous allez **souvent** à la bibliothèque ?
ヴザレ　スヴァン　ア　ラ　ビブリオテック

あなたはよく図書館に行きますか?

Vous n'habitez pas **ici** ?
ヴ　ナビテ　パ　イスィ

あなたはここに住んでいないのですか?

d'ici
［ディスィ］

熟・慣 ここから

par
［パーる］
☐☐ 099

前 ～あたり

arriver
［アりヴェ］
☐☐ 100

動 (不定法) 到着する

arrive
［アりーヴ］

動 (彼(女)は) 到着する

arrives
［アりーヴ］

動 (君は) 到着する

livre
［リーヴる］
☐☐ 101

男 本

livres
［リーヴる］

男 (複数形) 本

content
［コンタン］
☐☐ 102

形 満足した，嬉しい

contente
［コンタント］

形 (女性単数形) 満足した，嬉しい

C'est à trois minutes **d'ici**.　(5級16秋)
セ　ア　トろワ　ミニュット　ディスィ

それはここから3分です.

Je travaille vingt-cinq heures **par**
ジュ　トらヴァイ　　　ヴァンサンクーる　　　　パーる

semaine.
スメヌ

私は1週間あたり25時間
働いています.

Oui, je viens d'**arriver**.　(4級14春)
ウイ　ジュ　ヴィヤン　ダリヴェ

はい, 私は到着したばかり
です.

Son amie **arrive** ce soir ?
ソナミ　　　アリーヴ　ス　ソワーる

彼の友だちは今晩到着しま
すか?

Tu **arrives** à quelle heure ?　(5級16秋)
テュ　アリーヴ　ア　　ケルーる

君は何時に到着するの?

Nous avons besoin de ce **livre**.
ヌザヴォン　　　ブゾワン　ドゥ　ス　リーヴる

私たちはこの本が必要で
す.

Ce sont les **livres** de Sartre.
ス　ソン　レ　リーヴる　ドゥ　さるトる

これらはサルトルの本です.

Le patron n'est pas **content**.
ル　パトろン　ネ　パ　　コンタン

オーナーは満足していませ
ん.

Ma femme a l'air très **contente**.
マ　ファム　ア　レーる　トれ　コンタント

妻はとても満足なようです.

---

parents

[パらン]
□□ 103

男（複数形）両親

hier

[イエーる]
□□ 104

副 昨日

d'accord

[ダコーる]
□□ 105

熟・慣 了解

train

[トらン]
□□ 106

男 電車

grand

[グらン]
□□ 107

形 大きな

grande

[グらンド]

形（女性単数形）年上の

ouvrir

[ウヴりーる]
□□ 108

ouvrez

[ウヴれ]

動（命令形）開けてください

ouvre

[ウーヴる]

動（それが）開く

Je voyage avec mes **parents**.
ジュ ヴォヤージュ アヴェック メ パらン

私は両親と旅行します.

Qu'est-ce que tu as mangé **hier** ?
ケス ク テュ ア マンジェ イエール

昨日は何を食べたの?

D'accord. À demain.
ダコーる ア ドゥマン

了解. また明日.

Le **train** de Bordeaux va bientôt
ル トらン ドゥ ボるド ヴァ ビヤント

arriver.
アりヴェ

ボルドーからの電車はもうすぐ到着します.

On déjeune sous ce **grand** arbre.
オン デジュヌ ス ス グらンタるブる

(4級16春)

その大きな木の下で昼食にしましょう.

Elle a une **grande** sœur. (5級19春)
エラ ユヌ グらンド スーる

彼女には姉がいます.

Ouvrez cette fenêtre.
ウヴれ セット フネトる

この窓を開けてください.

La boutique **ouvre** à neuf heures.
ラ ブティック ウーヴる ア ヌヴーる

その店は9時に開きます.

---

ouvre [ウーヴる]	動 (命令形) 開けろ
ouvrent [ウーヴる]	動 (それらが) 開く
ouvert [ウヴェーる]	形 開いている
sortir [ソるティーる] □□ 109	動 (不定法) 出かける
sort [ソーる]	動 (彼(女)は) 出かける
sortons [ソるトン]	動 (私たちは) 出かける
sortent [ソると]	動 (彼(女)らは) 外に出る
sors [ソーる]	動 (私は) 出かける
étudiant [エテュディアン] □□ 110	男 学生

Ouvre la bouche.　(4級14秋)
ウーヴる　ラ　ブッシュ

口を開けなさい.

Ces magasins **ouvrent** à la même
セ　マガザン　ウーヴる　ア　ラ　メム

heure.
ウーる

それらの店は同じ時間に開店します.

Ce magasin est **ouvert** de neuf heures
ス　マガザン　エ　ウヴェーる　ドゥ　ヌヴーる

à dix-neuf heures.
ア　ディズヌヴーる

その店は9時から19時まで開いています.

Je ne peux pas **sortir**.
ジュ　ヌ　プ　パ　ソるティーる

私は出かけることができません.

Pourquoi il ne **sort** pas avec vous ?
ぷるコワ　イル　ヌ　ソーる　パ　アヴェック　ヴ

なぜ彼はあなた(たち)と一緒に出かけないのですか?

Nous **sortons** à midi.
ヌ　ソるトン　ア　ミディ

私たちは正午に出かけます.

Elles **sortent** de la poste.　(5級19秋)
エル　ソるト　ドゥ　ラ　ポスト

彼女たちは郵便局から出ていきます.

Je **sors** avec mes enfants.
ジュ　ソーる　アヴェック　メザンファン

私は子どもたちと出かけます.

Il est **étudiant**.　(4級17春, 5級16秋)
イ　レ　エテュディアン

彼は学生です.

| **étudiants** | 男 (複数形) 学生たち |
| [エテュディアン] | |

| **étudiante** | 女 (女性単数形) 女子学生 |
| [エテュディアント] | |

| **restaurant** | 男 レストラン |
| [れストらン] □□ 111 | |

| **monsieur** | 男 (男性への呼びかけ) |
| [ムスィユ] □□ 112 | |

| **mettre** | |
| [メトる] □□ 113 | |

| **mis** | 動 (過去分詞) 置いた |
| [ミ] | |

| **mets** | 動 (君は) 入れる |
| [メ] | |

| **mets** | 動 (私は) 着る |
| [メ] | |

| **mets** | 動 (君は) 着る |
| [メ] | |

Il y a quinze **étudiants** dans
イリヤ　カーンズ　エテュディアン　ダン

son cours.
ソン　クール

彼の講義には 15 名学生が
います.

Léa est **étudiante** à Nice.
レア　エ　エテュディアント　ア　ニース

レアはニースの女子学生で
す.

Le **restaurant** est fermé.　(5級16春)
ル　れストラン　エ　フェるメ

そのレストランは閉まって
います.

S'il vous plaît, **monsieur**.
スィル　ヴ　プレ　ムスィユ

(男性に) すみません.

Agathe a **mis** ses gants sur la table.
アガト　ア　ミ　セ　ガン　スューるラ　タブル

アガトは机の上に手袋を置
きました.

Tu **mets** du lait ?
テュ　メ　デュ　レ

ミルクを入れる?

Je **mets** cette robe pour la soirée.
ジュ　メ　セット　ろブ　プーる　ラ　ソワれ

私はパーティーのためにこ
のドレスを着ます.

Tu **mets** ce chapeau ?
テュ　メ　ス　シャポ

君はこの帽子をかぶるの?

---

merci

[メるスィ]
☐☐ 114

熟・慣 ありがとう

gâteau

[ガト]
☐☐ 115

男 菓子, ケーキ

gâteaux

[ガト]

男 (複数形) 菓子, ケーキ

bureau

[ビュろ]
☐☐ 116

男 オフィス, デスク

devant

[ドゥヴァン]
☐☐ 117

前 〜の前に

jour

[ジューる]
☐☐ 118

男 日

jours

[ジューる]

男 (複数形) 日

tous les jours

[トゥレ ジューる]

熟・慣 毎日

enfants

[アンファン]
☐☐ 119

名 (複数形) 子どもたち

Merci beaucoup.
メるスィ　ボク

どうもありがとう.

C'est un **gâteau** japonais.　(5級19秋)
セ　アン　ガト　ジャポネ

これは和菓子です.

Nous adorons ses **gâteaux**.
ヌザドロン　　セ　　ガト

私たちは彼(女)のケーキが
大好きです.

Mon **bureau** est au premier étage.
モン　ビュろ　エ　オ　プるミエ　エタージュ

私のオフィスは2階です.

Il m'attend **devant** le théâtre.
イル　マタン　ドゥヴァン　ル　テアトる

彼は劇場の前で私を待って
います.

Quel **jour** sommes-nous ?
ケル　ジューる　ソム　　ヌ

今日は何曜日ですか?

Antoine partira pour Lyon dans
アントワヌ　パるティら　プーる　リオン　ダン

deux **jours**.
ドゥ　ジューる

アントワーヌは2日後にリ
ヨンに出かけます.

Iris va au cinéma **tous les jours**.
イリス　ヴァ　オ　スィネマ　トゥ　レ　ジューる

イリスは毎日映画に行きま
す.

Les **enfants** sont encore au lit ?
レザンファン　　　ソン　アンコーる　オ　リ
(4級16秋)

子どもたちはまだ寝ている
のですか?

trois [トロワ] □□ 120	数 3
bus [ビュス] □□ 121	男 バス
frère [フれーる] □□ 122	男 兄, 弟
frères [フれーる]	男 (複数形) 兄たち, 弟たち
midi [ミディ] □□ 123	男 正午
dormir [ドるミーる] □□ 124	
dort [ドーる]	動 (彼(女)は) 眠る
dorment [ドるム]	動 (彼(女)らは) 眠る
dors [ドーる]	動 (私は) 眠る

Mon fils est resté **trois** semaines
モン フィス エ れステ トロワ スメヌ

en Turquie.
アン テュるキ

息子はトルコに 3 週間滞在しました.

Jade monte dans le **bus**.
ジャド モント ダン ル ビュス

ジャドはバスに乗ります.

Léon mange autant que son **frère**.
レオン マンジュ オタン ク ソン フれーる

レオンは兄と同じくらいよく食べます.

Je n'ai pas de **frères** et sœurs.
ジュ ネ パ ドゥ フれーる エ スーる

(5級18秋)

私には兄弟姉妹はいません.

Je passerai chez vous vers **midi**.
ジュ パスれ シェ ヴ ヴェーる ミディ

正午ごろあなたのお宅に寄ります.

Cet étudiant **dort** souvent pendant
セテテュデイアン ドーる スヴァン パンダン

les cours.
レ クーる

その学生はしばしば講義中に寝ています.

Ils **dorment** dans leur chambre.
イル ドるム ダン ルーる シャンブる

彼らは部屋で寝ています.

Je **dors** mal à cause du bruit.
ジュ ドーる マル ア コーズ デュ ブリュイ

私は騒音のせいでよく眠れません.

fleur ［フルーる］ □□ 125	囡 花
fleurs ［フルーる］	囡 (複数形) 花
sac ［サック］ □□ 126	團 袋, かばん
petit ［プティ］ □□ 127	圏 小さな
petite ［プティット］	圏 (女性単数形) 小さな
prochain ［プろシェン］ □□ 128	圏 次の
prochaine ［プろシェヌ］	圏 (女性単数形) 次の
France ［フらンス］ □□ 129	固名 囡 フランス

Quelle est cette **fleur** ?　(5級18秋)
ケレ　セット　フルーる

その花は何ですか？

Pascale achète de belles **fleurs**.
パスカル　アシェット　ドゥ　ベル　フルーる

パスカルはきれいな花を買います．

Où est-ce que j'ai mis mon **sac** ?
ウ　エス　ク　ジェ　ミ　モン　サック

私はカバンをどこに置いたのでしょう？

Ce **petit** chat est né hier.
ス　プティ　シャ　エ　ネ　イエーる

この子猫は昨日生まれました．

Il vient d'acheter une **petite** maison
イル　ヴィヤン　ダシュテ　ユヌ　プティット　メゾン

à la campagne.
ア　ラ　カンパーニュ

彼は田舎に小さな家を購入したばかりです．

Dimanche **prochain,** je reçois les
ディマンシュ　プろシェン　ジュ　るソワ　レ

Kato.
カト

次の日曜日に，私は加藤家の人々を招きます．

Je peux parler avec vous la
ジュ　プ　パるレ　アヴェック　ヴ　ラ

prochaine fois ?
プろシェヌ　フォワ

次回はあなたとお話できますか？

Hier, Manon est partie pour la
イエーる　マノン　エ　パるティ　プーる　ラ

France.
フらンス

昨日，マノンはフランスに向けて出発しました．

---

devoir

[ドゥヴォワーる]
□□ 130

dois

[ドワ]

動 (私は) 〜しなければならない

doivent

[ドワーヴ]

動 (彼(女)らは) 〜しなければならない

dois

[ドワ]

動 (君は) 〜しなければならない

doit

[ドワ]

動 (彼(女)は) 〜しなければならない

magasin

[マガザン]
□□ 131

男 店

grand magasin

[グらン マガザン]

熟・慣 デパート

Demain, je **dois** me lever tôt. ドゥマン　ジュ　ドワ　ム　ルヴェ　ト (4級 14 秋)	明日，私は早く起きなければなりません．
Samedi, ils **doivent** travailler. サムディ　イル　ドワーヴ　トらヴァイエ	土曜日に彼らは働かなければなりません．
Tu **dois** manger des légumes pour テュ　ドワ　マンジェ　デ　レギュム　プーる ta santé.　(4級 16 秋) タ　サンテ	君は健康のために野菜を食べないといけない．
Il **doit** revenir ici. イル　ドワ　るヴニーる　イスィ	彼はここに戻らなければなりません．
Ce **magasin** ferme à huit heures. ス　マガザン　フェるム　ア　ュイットゥーる	その店は8時に閉まります．
Elle achète des vins dans un **grand** エラシェット　デ　ヴァン　ダンザン　グらン **magasin**. マガザン	彼女はデパートでワインを買います．

④ 食べ物と飲み物

la viande
[ラ ヴィアンド]
女 肉

le poisson
[ル ポワソン]
男 魚

le jambon
[ル ジャンボン]
男 ハム

la soupe
[ラ スップ]
女 スープ

les pâtes
[レ パット]
女 (複数形)パスタ

le riz
[ル リ]
男 ご飯

le pain
[ル パン]
男 パン

la salade
[ラ サラッド]
女 サラダ

les fruits
[レ フリュイ]
男 (複数形)果物

le fromage
[ル フロマージュ]
男 チーズ

le café
[ル カフェ]
男 コーヒー

le thé
[ル テ]
男 お茶, 紅茶

l'eau minérale
[ロ ミネらル]
女 ミネラルウォーター

les jus de fruits
[レ ジュ ドゥ フリュイ]
男 (複数形)
フルーツジュース

le vin
[ル ヴァン]
男 ワイン

la bière
[ラ ビエーる]
女 ビール

☆☆☆☆

PARTIE 5

130 mots

132-261

頻度１回以上の語

naître

[ネトる]
□□ 132

nés

[ネ]

動 (過去分詞複数形) 生まれた

né

[ネ]

動 (過去分詞) 生まれた

connaître

[コネトる]
□□ 133

動 (不定法) 知っている

connaissez

[コネセ]

動 (あなた(たち)は) 知っている

connais

[コネ]

動 (私は) 知っている

connais

[コネ]

動 (君は) 知っている

rester

[れステ]
□□ 134

Ces chiens sont **nés** il y a une
セ　　シヤン　ソン　ネ　イリヤ　ユヌ

semaine.
スメヌ

この犬たちは1週間前に生まれました.

Mon fils est **né** en 1980.
モン　フィス　エ　ネ　アン　ミルヌフサンカトるヴァン

私の息子は1980年に生まれました.

Pierre aimerait mieux **connaître**
ピエーる　　エムれ　　　ミュ　　　　コネトる

cet auteur.
セット　オトゥーる

ピエールはその作者のことをもっとよく知りたいのです.

Vous **connaissez** Bruxelles ?
ヴ　　　コネセ　　　ブリュッセル

あなた(たち)はブリュッセルを知っていますか?

Je ne **connais** pas cet élève.
ジュ　ヌ　コネ　　パ　セテレーヴ

私はこの生徒を知りません.

Tu **connais** le nom de cette fleur ?
テュ　コネ　　ル　ノン　ドゥ　セット　フルーる

君はこの花の名前を知ってるの?

resté [れステ]	動 (過去分詞) とどまった

| **restée**
[れステ] | 動 (過去分詞女性単数形) とどまった |

| **restons**
[れストン] | 動 (私たちは) とどまる |

| **travail**
[トらヴァイ]
□□ 135 | 男 仕事 |

| **chercher**
[シェるシェ]
□□ 136 | 動 (不定法) 探す |

| **cherche**
[シェるシュ] | 動 (私は) 探す |

| **cherchez**
[シェるシェ] | 動 (あなた(たち)は) 探す |

| **Tokyo**
[トキヨ]
□□ 137 | 固名 東京 |

Hier je suis **resté** au lit toute la
イエーる　ジュ　スュイ　れステ　オ　リ　トゥット　ラ

journée.
ジュるネ

昨日，私は一日中寝ていました．

Jeanne est **restée** à la maison sans
ジャンヌ　エ　れステ　ア　ラ　メゾン　サン

sortir.
ソるティーる

ジャンヌは出かけずに家にいました．

Nous **restons** ici.
ヌ　れストン　イスィ

私たちはここにとどまります．

On va au restaurant après le **travail** ?
オン　ヴァ　オ　れストろン　アプれ　ル　トらヴァイ

仕事の後にレストランに行きましょうか？

Je vais **chercher** un hôtel. （4級14春）
ジュ　ヴェ　シェるシェ　アノテル

私はホテルを探すつもりです．

Je **cherche** des vêtements
ジュ　シェるシュ　デ　ヴェトゥマン

pour hommes.
プーろム

私は紳士服を探しています．

Qui **cherchez**-vous ? （5級17秋）
キ　シェるシェ　ヴ

あなたは誰を探しているのですか？

Voilà la gare de **Tokyo**. （4級17春）
ヴォワラ　ラ　ガーる　ドゥ　トキヨ

あれが東京駅だよ．

---

dimanche

[ディマンシュ]
□□ 138

男 日曜日

six

[スィス]
□□ 139

数 6

cinq

[サンク]
□□ 140

数 5

sept

[セット]
□□ 141

数 7

pleuvoir

[プルヴォワーる]
□□ 142

非動 (不定法) 雨が降る

il pleut

[イル プル]

非動 雨が降る

chien

[シヤン]
□□ 143

男 犬

école

[エコル]
□□ 144

女 学校

Dimanche prochain, je suis libre.
ディマンシュ　　　プロシェン　　ジュ スュイ リーヴる

来週の日曜日，私は暇です．

J'habite **six** rue Debussy.
ジャビット　スィス　りュ　ドゥビュスィ

私はドビュシー通り6番地に住んでいます．

J'étudie le français depuis **cinq** ans.
ジェテュディ ル　フらンセ　ドゥビュイ　　サンカン

私は5年前からフランス語を勉強しています．

Vers **sept** heures, ça te va ?
ヴェーる　セットゥーる　サ トゥ ヴァ

7時ごろで，君はいいの？

Regarde　le　ciel.　Il　va　bientôt
るガるド　　ル　スィエル　イル　ヴァ　ビヤント

pleuvoir.
プルヴォワーる

空を見なよ．まもなく雨が降るから．

Au Japon, **il pleut** beaucoup en juin.
オ　ジャポン イル　プル　　　ボク　　　アン ジュアン
(5級19春)

日本では6月に雨がたくさん降ります．

Mon **chien** est mort hier.
モン　　シヤン　エ　モーる イエーる

昨日私の犬が死にました．

Les parents attendent leurs enfants
レ　　パらン　　アタンド　　ルーるザンファン

devant l'**école**.
ドゥヴァン　レコル

親たちは学校の前で子どもたちを待っています．

ce n'est pas

[スネパ]
☐☐ 145

熟・慣 それは～ではない

bonjour

[ボンジューる]
☐☐ 146

男 こんにちは

table

[タブル]
☐☐ 147

女 テーブル

savoir

[サヴォワーる]
☐☐ 148

sais

[セ]

動 (君は) 知っている

sais

[セ]

動 (私は) 知っている

descendre

[デサンドる]
☐☐ 149

descend

[デサン]

動 (彼(女)は) 降りる

descends

[デサン]

動 (私は) 降りる

Ce n'est pas grave.
ス　ネ　パ　グらーヴ

それは大したことではあり
ません.

Bonjour Eva.
ボンジューる　エヴァ

こんにちは, エヴァ.

Mets ton sac sur cette **table** !
メ　トン　サック スューる　セット　タブル

バッグをこのテーブルの上
に置きなさい!

Tu **sais** ce que c'est ?
テュ　セ　ス　ク　セ

これが何か知ってる?

Je ne **sais** pas.　　　(4級17春, 4級18秋)
ジュ ヌ　セ　パ

私は知りません.

Il **descend** de l'avion.
イル　デサン　ドゥ　ラヴィオン

彼は飛行機から降ります.

Moi aussi, je **descends** ici.
モワ　オスィ, ジュ　デサン　イスィ

私もここで降ります.

descendons

[デサンドン]　動 (私たちは) 降りる

voilà

[ヴォワラ]
□□ 150

前 それが〜である

熟・慣 そうだ

chat

[シャ]
□□ 151

男 猫

eau

[オ]
□□ 152

女 水

faim

[ファン]
□□ 153

女 空腹

mer

[メーる]
□□ 154

女 海

courir

[クりーる]
□□ 155

court

[クーる]

動 (彼(女)は)走る

Nous **descendons** à la prochaine
ヌ　　　　デサンドン　　　ア　ラ　　プロシェヌ

station.
スタスィオン

私たちは次の（地下鉄の）駅で降ります.

Voilà votre table.
ヴォワラ　ヴォトる　タブル

テーブルはこちらになります.

Ah, **voilà** !
ア　　ヴォワラ

ああ, そうです!

Il y a un gros **chat** sous la chaise.
イリヤ　アン　グロ　シャ　ス　ラ　シェーズ

椅子の下に大きな猫がいます.

Donnez-moi un verre d'**eau**.
ドネ　　モワ　アン　ヴェーる　ド

水を1杯ください.

Je meurs de **faim**.
ジュ　ムーる　ドゥ　ファン

私はお腹がへって死にそうです.

Nous habitons loin de la **mer**.
ヌザビトン　　ロワン　ドゥ　ラ　メーる

私たちは海から遠くに住んでいます.

Armand **court** plus vite que moi.
アるマン　クーる　プリュ　ヴィット　ク　モワ

アルマンは私より速く走ります.

écrire
[エクリーる]
☐☐ 156

écrit
[エクリ]

動 (彼(女)は)(手紙を)書く

écris
[エクリ]

動 (君は)(手紙を)書く

jardin
[ジャるダン]
☐☐ 157

男 庭，公園

poste
[ポスト]
☐☐ 158

女 郵便局

avant
[アヴァン]
☐☐ 159

副 以前

前 (時間)〜の前に

前 (時間)〜までに

avoir l'air +形容詞
[アヴォワーる レーる]
☐☐ 160

熟・慣 〜のようだ

Chloé **écrit** beaucoup de lettres.
クロエ　エクり　ボク　ドゥ　レットる

クロエは手紙をたくさん書きます.

Tu **écris** souvent à tes parents ?
テュ　エクり　スヴァン　ア　テ　パラン

（5 級 17 秋）

君は両親によく手紙を書くの?

Il y a un **jardin** au coin de la rue.
イリヤ　アン　ジャるダン　オ　コワン　ドゥ　ラ　りュ

通りの角に公園があります.

C'est juste en face de la **poste**.
セ　ジュスト　アン　ファス　ドゥ　ラ　ポスト

それはまさに郵便局の向かい側です.

Avant, on voyait le mont Fuji d'ici.
アヴァン　オン　ヴォワイェ　ル　モン　フジ　ディスィ

（4 級 15 春）

以前, ここから富士山が見えていました.

Lavez-vous les mains **avant** le
ラヴェヴ　レ　マン　アヴァン　ル

repas !
るパ

食事前に手を洗ってください!

Venez me voir **avant** dix heures.
ヴネ　ム　ヴォワーる　アヴァン　ディ　ズーる

10 時までに私に会いに来てください.

Adam **a l'air** très content.
アダン　ア　レーる　トれ　コンタン

アダンはとても喜んでいるようです.

falloir
［ファロワーる］
□□ 161

il faut ＋名詞
［イル フォ］　　非動 ～が必要だ

il faut ＋不定法
［イル フォ］　　非動 ～しなければならない

Italie
固名 女 イタリア
［イタリ］
□□ 162

japonais
形 日本の
［ジャポネ］
□□ 163

japonaise
形（女性単数形）日本の
［ジャポネーズ］

trop
副 ～すぎる
［トろ］
□□ 164

grand-mère
女 祖母
［グらンメーる］
□□ 165

regarder
［るガるデ］
□□ 166

Il faut un peu de poivre.
イル フォ アン プ ドゥ ポワーヴる

コショウが少し必要です.

Il faut partir maintenant.
イル フォ パるティーる マントゥナン

今出発しなければなりません.

Chaque année, Jules passe ses
シャカネ   ジュル   パス   セ

vacances en **Italie**.
ヴァカンス   アニタリ

毎年, ジュールはイタリアで休暇を過ごします.

C'est un bon restaurant **japonais**.
セタン ボン れストらン ジャポネ

それは美味しい日本料理店です.

Moi, je préfère la cuisine **japonaise**.
モワ ジュ プれフェーる ラ キュイズィヌ ジャポネーズ
(4 級 19 秋)

私は和食の方が好きです.

Cette robe est **trop** petite.
セット ろブ エ トろ プティット

このワンピースは小さすぎます.

Notre **grand-mère** aura bientôt
ノトる グらン メーる オら ビャント

80 ans.
カトるヴァンザン
(4 級 18 秋)

私たちの祖母はもうすぐ80 歳になります.

---

regarde [るガるド]	動 (彼(女)は) 見る

regardez [るガるデ]	動 (命令形) 見てください

rentrer [らントれ] □□ 167	動 (不定法) 帰る

rentré [らントれ]	動 (過去分詞) 帰った

rentrons [らントろン]	動 (命令形) 帰ろう

vin [ヴァン] □□ 168	男 ワイン

neuf [ヌフ] □□ 169	数 9

viande [ヴィアンド] □□ 170	女 肉

lire [リーる] □□ 171	

lit [リ]	動 (彼(女)は) 読む

Emma **regarde** la télé.
エマ　るがるド　ラ　テレ

エマはテレビを観ています.

Regardez ce tableau à l'entrée.
るがるデ　ス　タブロ　ア　ラントれ

入口のあの絵を見てください.

Ton fils va **rentrer** demain ?
トン　フィス ヴァ　らントれ　　ドゥマン

君の息子は明日帰るでしょうか?

Jean Luc est déjà **rentré** en Suisse
ジャンリュック　エ　デジャ　らントれ　アン　スュイス

ジャン゠リュックはもうスイスに帰りました.

Rentrons à pied.　　　(5級18春)
らントろン　ア　ピエ

歩いて帰りましょう.

Son mari préfère le **vin** blanc.
ソン　マり　プれフェーる　ル　ヴァン　ブラン

彼女の夫は白ワインの方が好きです.

Cinq plus quatre, ça fait **neuf**.
サンク　プリュス　カトる　サ　フェ　ヌフ

5たす4は9になります.

Je ne mange pas de **viande**.　(5級17春)
ジュ ヌ　マンジュ　パ　ドゥ　ヴィアンド

私は肉を食べません.

Il **lit** un roman à la bibliothèque.
イル リ　アン　ろマン　ア ラ　ビブリオテック

彼は図書館で小説を読みます.

---

recevoir

[るスヴォワーる]
□□ 172

(on) reçoit

[オン るソワ]　動 (私たちは) 招き入れる

(nous) recevons

[ヌ るスヴォン]　動 (私たちは) 招き入れる

après-midi　男 午後

[アプれミディ]
□□ 173

français　男 フランス語

[フらンセ]
□□ 174

que　接 (比較の対象) ~よりも

[ク]
□□ 175

tout

[トゥ]
□□ 176

tous　形 (男性複数形) 全ての

[トゥ]

Samedi, **on reçoit** les Morel.
サムディ　オン　るソワ　レ　モれル

土曜日に私たちはモレル家の人たちを招きます．

Ce soir **nous recevons** des amis.
ス　ソワーる　ヌ　るスヴォン　デ　ザミ

私たちは今晩友人を招きます．

Mohamed　passera　chez　moi
モアメッド　　パスら　　シェ　　モワ

cet **après-midi**.
セタプれミディ

今日の午後，モアメッドが家に立ち寄るでしょう．

J'ai un examen de **français** demain.
ジェ　アン　エグザマン　ドゥ　フらンセ　ドゥマン
（4級16春）

明日フランス語の試験があります．

Emma est plus intelligente **que** sa
エマ　エ　ブりュザンテリジャント　ク　サ

sœur.
スーる

エマは彼女の妹よりも聡明です．

Ils　mangent　en　ville　**tous**　les
イル　マンジュ　アン　ヴィル　トゥ　レ

dimanches.
ディマンシュ

彼らは毎週日曜日に外食します．

| **toute**
[トゥット] | 形 (女性単数形) 〜中 |

| **tout de suite**
[トゥ ドゥ スュイット] | 熟・慣 すぐに |

| **tout seul**
[トゥ スル] | 熟・慣 (男性単数形) ひとりで |

| **toute seule**
[トゥト スル] | 熟・慣 (女性単数形) ひとりで |

| **quelque chose**
[ケルク ショーズ]
□□ 177 | 代 何か |

| **samedi**
[サムディ]
□□ 178 | 男 土曜日 |

| **coûter**
[クテ]
□□ 179 | |

| **coûte**
[クット] | 動 値段が〜である |

| **quatre**
[カトる]
□□ 180 | 数 4 |

Ce restaurant est ouvert **toute** la nuit.
ス　れストらン　エ　ウヴェーる　トゥット　ラ
ニュイ

そのレストランは一晩中営業しています.

D'accord, j'arrive **tout de suite** !
ダコーる　ジャリーヴ　トゥ　ドゥ　スュイット
（4級 18 春）

わかった, すぐに行くよ!

Mon père se promène **tout seul**.
モン　ぺーる　ス　プろメヌ　トゥ　スル

私の父はひとりで散歩します.

Élodie joue **toute seule**.　（4級 15 春）
エろディ　ジュ　トゥット　スル

エロディはひとりで遊びます.

Je voudrais acheter **quelque chose**.
ジュ　ヴドれ　アシュテ　ケルク　ショーズ

私は何か買いたいのです.

Oui, je suis occupé **samedi**.
ウイ　ジュ　スュイ　オキュペ　サムディ

はい, 私は土曜日は忙しいです.

Ça **coûte** combien ?
サ　クット　コンビヤン

それはいくらですか?

À **quatre** heures devant le métro, ça vous va ?
ア　カtrーる　ドゥヴァン　ル　メトろ
サ　ヴ　ヴァ

4 時に地下鉄の前で, よろしいですか?

---

quelqu'un [ケルカン] □□ 181	代 誰か
chaise [シェーズ] □□ 182	囡 椅子
cravate [クらヴァット] □□ 183	囡 ネクタイ
cravates [クらヴァット]	囡 (複数形) ネクタイ
huit [ユイット] □□ 184	数 8
place [プラス] □□ 185	囡 広場
places [プラス]	囡 (複数形) 座席
commencer [コマンセ] □□ 186	動 (不定法) 始まる
commence [コマンス]	動 (それは) 始まる

Tu as rendez-vous avec **quelqu'un** ?
テュ ア　らンデヴ　　アヴェック　ケルカン
(4級 14秋)

誰かと会う約束があるの?

Il y a un sac à main sur la **chaise**.
イリヤ　アン　サカマン　スューる ラ シェーズ

椅子の上にハンドバッグがあります.

Tu mets cette **cravate** ?　　(5級 17春)
テュ　メ　セット　くらヴァット

君はそのネクタイをするの?

Hervé a beaucoup de **cravates**.
エるヴェ ア　ボク　ドゥ　くらヴァット

エルヴェはたくさんネクタイを持っています.

Il est déjà **huit** heures !　　(4級 15秋)
イレ　デジャ　ユイトーる

もう8時です!

C'est la **place** de la Concorde.
セ ラ　プラス　ドゥ ラ　コンコるド

これがコンコルド広場です.

Trois **places** pour Lille, s'il vous plaît.
トろワ　プラス　プーる　リル　スィル ヴ　プレ

リールまで切符3枚お願いします.

Il vient de **commencer** à pleuvoir.
イル ヴィヤン ドゥ　コマンセ　ア プルヴォワーる

雨が降り始めたばかりです.

Ce programme **commence** bientôt.
ス　プろグらム　　コマンス　　ビヤント

その番組はまもなく始まります.

---

blanc

[ブラン]
□□ 187

形 白い

blanche

[ブランシュ]

形 (女性単数形) 白い

Lyon

[リオン]
□□ 188

固名 リヨン

robe

[ろブ]
□□ 189

女 ドレス，ワンピース

français

[フらンセ]
□□ 190

形 フランスの

française

[フらンセーズ]

形 (女性単数形) フランスの

français

[フらンセ]

形 (複数形) フランスの

bonne idée

[ボニデ]
□□ 191

熟・慣 いい考えだ

Tu prends du vin **blanc** ? (5級 18 秋)
テュ　プらン　デュ　ヴァン　ブラン

白ワインは飲むの?

Quand est-ce qu'on porte une
カンテスコン　　　　　　ぽるてュヌ

cravate **blanche** ?
クらヴァット　ブランシュ

白いネクタイはいつするのですか?

C'est le train pour **Lyon**.
セ　ル　トらン　プーる　リオン

これはリヨン行きの電車です.

Je prends cette **robe** bleue.
ジュ　プらン　セット　ろブ　ブル

私はこの青いドレスにします.

Elle aime le cinéma **français**. (5級 19 秋)
エレム　ル　スィネマ　フらンセ

彼女はフランス映画が好きです.

Céline chante une chanson
セリヌ　　　シャンテュヌ　　　シャンソン

française.
フらンセーズ

セリーヌはフランスの歌を歌っています.

Ici on vend des journaux **français**.
イスィオン　ヴァン　デ　ジュるノ　　フらンセ

ここではフランスの新聞が売られています.

Bonne idée !
ボニデ

いい考えです!

---

grand-père

[グ랑ペーる]
□□ 192

男 祖父

grands-parents

[グ랑パラン]
□□ 193

男（複数形）祖父母

trouver

[トゥるヴェ]
□□ 194

動（不定法）見つける

trouve

[トゥるーヴ]

動（私は）見つける

vendredi

[ヴァンドるディ]
□□ 195

男 金曜日

avion

[アヴィオン]
□□ 196

男 飛行機

choisir

[ショワズィーる]
□□ 197

choisi

[ショワズィ]

動（過去分詞）選んだ

Mon **grand-père** est né avant la
モン　　グランペール　　エ　ネ　アヴァン　ラ

Seconde Guerre mondiale.
スゴンド　　ゲール　　モンディアル

祖父は第二次世界大戦の前に生まれました.

Voici une photo de mes
ヴォワスィ　ユヌ　フォト　ドゥ　メ

grands-parents.　　　　(4級14秋)
グランパラン

これが祖父母の写真です.

Ce n'est pas trop difficile à **trouver**,
ス　ネ　パ　トロ　ディフィスィル　ア　トゥるヴェ

alors.　　　　(4級15春)
アローる

じゃあ見つけるのはそれほど難しくないですね.

Je ne **trouve** pas la clé.
ジュ　ヌ　トゥるーヴ　パ　ラ　クレ

私は鍵が見つかりません.

J'ai trois cours le **vendredi**.
ジェ　トロワ　クール　ル　ヴァンドるディ

金曜, 私は授業が3つあります.

Je ne trouve pas les billets d'**avion**.
ジュ　ヌ　トゥるーヴ　パ　レ　ビエ　ダヴィオン
（4級15秋）

私は航空券が見つかりません.

Léo a déjà **choisi** un cadeau ?
レオ　ア　デジャ　ショワズィ　アン　カド

レオはもうプレゼントを選んだのですか?

---

choisit [ショワズィ]	動 (彼(女)は) 選ぶ
leur [ルーる] □□ 198	所形 彼(女)らの
leurs [ルーる]	所形 (複数形) 彼(女)らの
chaud [ショ] □□ 199	形 暑い
boire [ボワーる] □□ 200	動 (不定法) 飲む
boit [ボワ]	動 (彼(女)は) 飲む
entrer [アントれ] □□ 201	動 (不定法) 入る
entre [アントる]	動 (彼(女)は) 入る
froid [フろワ] □□ 202	形 寒い
quinze [カーンズ] □□ 203	数 15

Il **choisit** une veste.
イル ショワズィ ユヌ ヴェスト

彼は上着を選んでいます.

Elles dorment dans **leur** chambre.
エル ドルム ダン ルーる シャンブる

彼女たちは部屋で寝ます.

Ils vont souvent chez **leurs** parents.
イル ヴォン スヴァン シェ ルーる パらン

彼らはしばしば両親の家に
行きます.

Il fait **chaud** aujourd'hui.
イル フェ ショ オジュるデュイ

今日は暑いです.

Voulez-vous **boire** quelque chose ?
ヴレ ヴ ボワーる ケルク ショーズ

何かお飲みになりますか?

Lina **boit** beaucoup de café.
リナ ボワ ボク ドゥ カフェ

リナはたくさんコーヒーを
飲みます.

Est-ce que je peux **entrer** ?
エス ク ジュ プ アントれ

入ってもいいですか?

Julia **entre** dans la boutique.
ジュリア アントる ダン ラ ブティック

ジュリアは店に入ります.

Vous n'avez pas **froid** ?
ヴ ナヴェ パ フろワ

寒くはないですか?

Ça fait **quinze** euros.
サ フェ カーンズ ウろ

全部で 15 ユーロです.

soif [ソワフ] □□ 204	囡 喉の渇き
thé [テ] □□ 205	围 お茶, 紅茶
anglais [アングレ] □□ 206	胚 イギリスの, イングランドの
anglaise [アングレーズ]	胚 (女性単数形) イギリスの, イングランドの
conduire [コンデュイーる] □□ 207	
conduit [コンデュイ]	勔 (彼(女)は) 運転する
jouer [ジュエ] □□ 208	
joue [ジュ]	勔 (彼(女)は) 演奏する
à droite [ア ドろワット] □□ 209	熟·慣 右に

Tu n'as pas **soif** ?
テュ　ナ　パ　ソワフ

喉は渇いてないかい？

Vous prenez du **thé** ou du café ?
ヴ　　プるネ　デュ　テ　ウ　デュ　カフェ

あなたは紅茶にしますか，
コーヒーにしますか？

C'est un acteur **anglais**.　　(4級 14 秋)
セ　アン アクトゥーる　アングレ

この人は英国の俳優です．

On voit une petite île **anglaise**.
オン　ヴォワ　ユヌ　プティット イル　アングレーズ

イギリスの小さな島が見え
ます．

Qui **conduit** cette belle voiture
キ　　コンデュイ　セット　ベル　ヴォワテューる

jaune ?　　(4級 19 秋)
ジョヌ

誰があの美しい黄色い車を
運転しているのですか？

Marius **joue** bien de la guitare.
マリユス　ジュ　ビヤン ドゥ ラ　ギターる

マリウスはギターが上手で
す．

Anna, tourne **à droite**.
アンナ　トゥるヌ　ア ドロワット

アンナ，右に曲がって．

Angleterre

[アングルテーる]
☐☐ 210

固名 女 イギリス, イングランド

boulevard

[ブルヴァーる]
☐☐ 211

男 大通り

comme

[コム]
☐☐ 212

接 ～として

études

[エテュド]
☐☐ 213

女 (複数形) 学業

japonais

[ジャポネ]
☐☐ 214

男 日本語

oublier

[ウブリエ]
☐☐ 215

oublie

[ウブリ]

動 (命令形) 忘れろ

préférer

[プれフェれ]
☐☐ 216

Avant, Inès habitait dans le sud de
アヴァン　イネス　アビテ　ダン　ル　スュド　ドゥ

l'**Angleterre**.
ラングルテール

以前, イネスはイギリス南部に住んでいました.

Gabin habite vingt-deux, **boulevard**
ガバン　アビット　ヴァントドゥ　ブルヴァール

Raspail.
らスパイ

ギャバンはラスパイユ大通り 22 番地に住んでいます.

Qu'est-ce que tu prends **comme**
ケス　ク　テュ　プらン　コム

dessert ?
デセール

(4 級 14 春, 4 級 19 春)

デザートに何を食べる?

Qu'est-ce que vous ferez après
ケス　ク　ヴ　フれ　アプれ

vos **études** ?
ヴォゼテュド

卒業したら, 何をするつもりですか?

Nina parle le **japonais** et le coréen.
ニナ　パるル　ル　ジャポネ　エ　ル　コれアン

ニナは日本語と韓国語が話せます.

N'**oublie** pas ton manteau !
ヌブリ　パ　トン　マント

コートを忘れないで!

---

préfère [プれフェーる]	動 （私は）〜の方が好きである
saison [セゾン] □□ 217	女 季節
la saison des pluies [ラ セゾン デ プリュイ] 熟・慣 梅雨	
visiter [ヴィズィテ] □□ 218	動 （不定法）訪れる
visité [ヴィズィテ]	動 （過去分詞）訪れた
désolé [デゾレ] □□ 219	形 すまなく思う
désolée [デゾレ]	形 （女性単数形）すまなく思う
tout droit [トゥ ドろワ] □□ 220	熟・慣 まっすぐ
chanter [シャンテ] □□ 221	動 （不定法）歌う

Je **préfère** la cuisine italienne.
ジュ プれフェーる ラ キュイズィヌ イタリエンヌ
(4級 16春)

私はイタリア料理の方が好きです。

Quelle est la **saison** des cerisiers en
ケレ ラ セゾン デ スリズィエ アン

fleur ?
フルーる

桜の咲く季節はいつですか?

La saison des pluies a commencé.
ラ セゾン デ プリュイ ア コマンセ

梅雨が始まりました。

On peut **visiter** le château ? (4級 15秋)
オン プ ヴィズィテル シャト

私たちはお城を訪れることはできますか?

Ton frère a déjà **visité** la France ?
トン フれーる ア デジャ ヴィズィテラ ラ フらンス

君の弟はフランスを訪れたことはあるのですか?

Je suis **désolé**.
ジュ スュイ デゾレ

申し訳ありません。

Elle est **désolée** de vous avoir
エレ デゾレ ドゥ ヴザヴォワーる

fait attendre.
フェ アタンドる

彼女はあなたをお待たせしてすまなく思っています。

Continuez **tout droit**. (4級 16春)
コンティニュエ トゥ ドろワ

このまままっすぐ行ってください。

Qui va **chanter** ? (4級 16春)
キ ヴァ シャンテ

誰が歌うのでしょうか?

■

chante [シャント]	動 (彼(女)は) 歌う

chante [シャント]	動 (私は) 歌う

été [エテ] □□ 222	男 夏

juillet [ジュイエ] □□ 223	男 7月

se coucher [ス クシェ] □□ 224	

se couche [ス クシュ]	代動 (彼(女)は) 寝る

marcher [マるシェ] □□ 225	動 (不定法) 歩く

marche [マるシュ]	動 (彼(女)は) 歩く

crayon [クれヨン] □□ 226	男 鉛筆

Alice **chante** aussi bien que Rose.
アリス　シャント　オスィ　ビヤン　ク　ローズ

アリスはローズと同じくらい
歌が上手です.

Je **chante** et je joue du piano
ジュ　シャント　エ　ジュ　ジュ　デュ　ピアノ

dans un restaurant. (5級16秋)
ダンザン　れストらン

私はレストランでピアノを弾
いて歌っています.

Marjorie va en Turquie cet **été**.
まるジョリ　ヴァ アン　テュるキ　セテテ

マルジョリはこの夏トルコに
行きます.

Ce magasin est fermé en **juillet**.
ス　マガザン　エ　フェるメ　アン　ジュイエ

この店は7月は閉店してい
ます.

Sacha **se couche** très tard.
サシャ　ス　クシュ　トれ　ターる

サシャはとても寝るのが遅
いです.

Tom peut **marcher** sur les mains.
トム　プ　まるシェ　スューる レ　マン

トムは逆立ちして歩くことが
できます.

Nathan **marche** dans la rue.
ナタン　まるシュ　ダン　ラ　りュ

ナタンは通りを歩いていま
す.

C'est un **crayon**.
セ　アン　クれヨン

これは鉛筆です.

crayons [クレヨン]	男 (複数形) 鉛筆
écouter [エクテ] □□ 227	
écoute [エクット]	動 (彼(女)は) 聞く
italien [イタリアン] □□ 228	形 イタリアの
italienne [イタリエンヌ]	形 (女性単数形) イタリアの
jupe [ジュップ] □□ 229	女 スカート
loin [ロワン] □□ 230	副 遠くに
porter [ポるテ] □□ 231	
porte [ポるト]	動 (彼(女)が) 身につける

Il y a combien de **crayons** dans la
イリヤ　　コンビヤン　　ドゥ　　クれヨン　　　ダン　　ラ

boîte ?
ボワット

箱の中に何本の鉛筆があり
ますか？

Jacques n'**écoute** pas.
ジャック　　ネクット　　バ

ジャックは聞いていない．

C'est un film **italien** très connu.
セ　　アン　フィルム　イタリアン　トれ　　コニュ

それはとても有名なイタリ
ア映画です．

C'est une actrice **italienne**.
セ　　ユヌ　アクトリス　イタリエンヌ

その人はイタリアの女優で
す．

Alice porte une **jupe** très courte.
アリス　　ポるト　ユヌ　ジュップ　トれ　　クるト

アリスはとても短いスカー
トをはいています．

C'est **loin** de notre ville !
セ　　ロワン　ドゥ　ノトる　　ヴィル

そこは私たちの町から遠い
です．

Il ne **porte** jamais de cravate.
イル　ヌ　ポるト　ジャメ　　ドゥ　クらヴァット

彼は決してネクタイをしま
せん．

rouge

形 赤い

[るージュ]
□□ 232

---

triste

形 悲しんでいる

[トリスト]
□□ 233

---

adorer

[アドれ]
□□ 234

adore

動 (彼(女)は) 大好きである

[アドーる]

---

casser

[カセ]
□□ 235

cassé

動 (過去分詞) 割った

[カセ]

---

chinois

形 中国の

[シノワ]
□□ 236

chinoise

形 (女性単数形) 中国の

[シノワーズ]

---

demi-heure

女 30分

[ドゥミユーる]
□□ 237

Je préfère le vin **rouge**.
ジュ プれフェーる ル ヴァン るージュ

私は赤ワインの方が好きで
す.

Ma mère est **triste**.
マ メーる エ トリスト

私の母親は悲しんでいま
す.

Lucas **adore** les films policiers.
リュカ アドーる レ フィルム ポリスィエ

リュカは刑事もの映画が大
好きです.

Qui a **cassé** ce verre ?
キ ア カセ ス ヴェーる

誰がこのグラスを割ったの
ですか?

Est-ce qu'il y a du thé **chinois** ?
エス キリヤ デュ テ シノワ

(5 級 16 春)

中国茶はありますか?

C'est une banque **chinoise**.
セ ユヌ バンク シノワーズ

それは中国の銀行です.

Mais elle revient dans une
メ エル るヴィヤン ダンズュヌ

demi-heure.
ドゥミユーる

(4 級 18 春)

でも彼女は 30 分後には戻
ります.

★☆☆☆☆ 238-243　トラック68

fermer
[フェるメ]
☐☐ 238

ferme
[フェるム]
動 (それは) 閉まる

journée
[ジュるネ]
☐☐ 239
女 日中

pâtisserie
[パティスり]
☐☐ 240
女 ケーキ屋

plage
[プラージュ]
☐☐ 241
女 海辺

plaire
[プレーる]
☐☐ 242

plaît
[プレ]
動 (それが) 気に入る

préparer
[プれパれ]
☐☐ 243
動 (不定法) 準備する

144　cent quarante-quatre [サンカらントカトる]

Le bureau **ferme** pendant les
ル　　ビュロ　　フェるム　　パンダン　　レ

vacances.
ヴァカンス

オフィスは休暇中閉まります.

Julie est occupée toute la **journée**.
ジュリ　ア　オキュペ　トゥット　ラ　ジュるネ

ジュリーは一日中忙しい.

Elle est très bonne, cette **pâtisserie**.
エ　レ　トれ　ボンヌ　セット　パティスり

このケーキ屋はとても美味しい.

Nous jouions souvent sur la **plage**.
ヌ　ジュイオン　スヴァン　スューる　ラ　プラージュ
(4級 16 秋)

私たちは海辺でよく遊んでいました.

— Ça te **plaît** ?
サ　トゥ　プレ

— Oui, beaucoup.
ウイ　ボク

一気に入った?
一はい, とても.

Juliette va **préparer** son lit.
ジュリエット　ヴァ　プれパれ　ソン　リ

ジュリエットはベッドメーキングをするでしょう.

---

prépare [プれパーる]	動 (彼(女)は) 準備する
prépare [プれパーる]	動 (私は) 準備する
sandwichs [サンドウィッチ] □□ 244	男 (複数形) サンドイッチ
se lever [ス ルヴェ] □□ 245	動 (不定法) 起床する
se lève [ス レーヴ]	代動 (それは) 昇る
ski [スキ] □□ 246	男 スキー
veste [ヴェスト] □□ 247	女 上着
anglais [アングレ] □□ 248	男 英語
américain [アメりケン] □□ 249	

Ma femme **prépare** le repas.
マ　ファム　プれパーる　ル　るパ

妻は食事を用意します.

Je **prépare** mes cours de demain.
ジュ　プれパーる　メ　クーる　ドゥ　ドゥマン

私は明日の講義の準備をします.

Deux **sandwichs** au jambon, s'il
ドゥ　サンドウィッチ　オ　ジャンボン　スィル

vous plaît.
ヴ　プレ

ハムサンドイッチを2つお願いします.

Il n'a pas besoin de **se lever** tôt.
イル　ナ　パ　ブゾワン　ドゥ　ス　ルヴェト　ト

彼は早く起きる必要がありません.

Le soleil **se lève**.
ル　ソレイ　ス　レーヴ

日が昇る.

Ils vont faire du **ski** à Chamonix.
イル　ヴォン　フェール　デュ　スキ　ア　シャモニ

彼らはシャモニーにスキーをしに行きます.

Je voudrais acheter une **veste**
ジュ　ヴドれ　アシュテ　ユヌ　ヴェスト

marron.
マろン

私は茶色の上着を買いたいです.

C'est un professeur d'**anglais**.
セ　アン　プろフェスーる　ダングレ

(4級14秋)

こちらは英語の先生です.

---

américaine

[アメリケヌ]　　形 (女性単数形) アメリカの

américains

[アメリケン]　　形 (複数形) アメリカの

oh

[オ]
□□ 250

間投 ああ，おお

c'était

[セテ]
□□ 251

熟・慣 それは〜だった

oh là là

[オ ラ ラ]
□□ 252

熟・慣 おやまあ

entendre

[アンタンドる]
□□ 253

entends

[アンタン]

動 (私は) 聞こえる

roses

[ろーズ]
□□ 254

女 (複数形) バラ

il n'y a rien

[イル ニヤ りヤン]
□□ 255

熟・慣 何もない

Luc a acheté une moto **américaine**.
リュック　ア　アシュテ　ユヌ　モト　アメリケヌ

リュックはアメリカ製のバイクを買いました.

Ce sont des plats typiquement
ス　ソン　デ　プラ　ティピクマン

américains ?
アメリケン

これらは典型的なアメリカ料理ですか?

Oh, pardon !
オ　パるドン

ああ, ごめんなさい!

C'était bien, ton voyage à Nara ?
セテ　ビヤン　トン　ヴォワヤージュ　ア　ナら

奈良旅行はよかった?

Oh là là !
オ　ラ　ラ

おやまあ!

Je n'**entends** pas bien.　(5級18春)
ジュ　ナンタン　パ　ビヤン

私はよく聞こえません.

Paul a acheté de belles **roses**.
ポール　ア　アシュテ　ドゥ　ベル　ろーズ

ポールは美しいバラを買いました.

Il n'y a rien dans la salle.
イル　ニヤ　りヤン　ダン　ラ　サル

部屋の中には何もありません.

changer

[シャンジェ]
□□ 256

動 (不定法) 替える

changé

[シャンジェ]

動 (過去分詞) 替えた

courses

[クるス]
□□ 257

女 (複数形) 買い物

à tout à l'heure

[ア トゥタ るーる]
□□ 258

熟・慣 またあとで

peut-être

[プテトる]
□□ 259

熟・慣 たぶん

de rien

[ドゥリヤン]
□□ 260

熟・慣 どういたしまして

attention

[アタンスィオン]
□□ 261

熟・慣 あぶない

Je dois **changer** une ampoule.
ジュ　ドワ　シャンジェ　ユヌ　アンプル

私は電球を取り替えなければなりません.

Vous avez **changé** de voiture ?
ヴザヴェ　シャンジェ　ドゥ ヴォワテューる
(4 級 17 秋)

あなたは車を替えましたか?

Avant, Gabriel faisait ses **courses**
アヴァン　ガブりエル　フゼ　セ　クるス

le samedi.
ル　サムディ

以前, ガブリエルは毎週土曜日に買い物をしていました.

À tout à l'heure !
ア　トゥタ　ルーる

ではまたあとで!

Tobias viendra **peut-être** demain.
トビアス　ヴィヤンドら　プテトる　ドゥマン

トビアスはたぶん明日来るでしょう.

De rien.
ドゥ りヤン
(5 級 19 秋)

どういたしまして.

Attention à la marche !
アタンスィオン　ア　ラ　まるシュ

足元に注意して!

索 引

編著者紹介 ━━━━━━━━━━━━━━━━━━━━━━

川口 裕司 (かわぐち　ゆうじ)

1958 年生まれ．言語学博士．東京外国語大学言語文化学部長，
外国語教育学会会長を歴任．東京外国語大学名誉教授．
著書:『仏検準 1 級準拠 [頻度順] フランス語単語集』(小社刊，2021)
　　　『デイリー日本語・トルコ語・英語辞典』(三省堂，2020)
　　　『初級トルコ語のすべて』(IBC パブリッシング，2016)
　　　『仏検 2 級準拠 [頻度順] フランス語単語集』(小社刊，2016)
　　　『仏検 3 級準拠 [頻度順] フランス語単語集』(小社刊，2015)

伊藤 玲子 (いとう　れいこ)

1963 年生まれ．東京外国語大学大学院博士後期課程満期退学．

フランス語校閲・録音 ━━━━━━━━━━━━━━━━━

シルヴァン・ドゥテ (Sylvain DETEY)

1978 年生まれ．言語学博士．早稲田大学国際教養学部教授．
著書: *Savons-nous vraiment parler? Du contrat linguistique comme
contrat social* (Armand Colin, 2023)
　　　『フランコフォンの世界．コーパスが明かすフランス語の多様
性』(三省堂，2019)
　　　Varieties of Spoken French (Oxford University Press, 2016)
　　　*La prononciation du français dans le monde: du natif à
l'apprenant* (CLE international, 2016)
　　　*Les variétés du français parlé dans l'espace francophone.
Ressources pour l'enseignement* (Ophrys, 2010)

仏検4級・5級準拠［頻度順］フランス語単語集

2023年8月1日　初版発行

編著者　川　口　裕　司

　　　　伊　藤　玲　子

発行者　上　野　名　保　子

製版・印刷・製本　㈱フォレスト

発行所　㈱駿河台出版社

〒101-0062 東京都千代田区神田駿河台3の7
電話 03(3291)1676 番／FAX 03(3291)1675 番
info@e-surugadai.com
http://www.e-surugadai.com

ISBN 978-4-411-00563-2 C1085